PRE-STEP
05

プレステップ

経営学

＜第2版＞

北中英明/著

渡辺利夫/シリーズ監修

弘文堂

学習を始める前に

　本書は、経営学の基礎的な知識を習得することができるように設計されています。大学で初めて経営学を学ぶ学生や、これまでに経営学を学んだことのない社会人になって2～3年目くらいの方までを対象に、基礎的な内容に厳選しました。

　企業のしくみや市場のシステムを体験していない学生が経営について学ぶのはけっして簡単なことではありません。けれど、社会人になったときに経営学の知識があるのとないのとでは大きな違いがあります。本書では経営学の中で社会人として最小限知っておきたい内容について学びます。

　学習を始めるにあたって、確認しておきたいことがあります。学習の目標は本書を「読む」ことや講義に「出席する」ことではなく、経営学を「習得する」ことです。ここで使っている「習得」という言葉は、読者一人ひとりが身につけた状態、つまり自分の言葉や行動でアウトプットが可能な状態を指します。そのために、各章ごとに目標をはっきり掲げ、目標達成への3ステップを具体的に示しました。

　もちろん、現実のシチュエーションで皆さんが遭遇するであろうことすべてに対する処方箋が網羅されているわけではありません。けれど、ビジネスで必要とされるのは臨機応変な判断力です。基本的知識を徹底的に習得することで、自在なアウトプットが可能になり、どんな場面でも自分に自信を持って臨むことができます。

　今日、AI（人工知能）の発展がますます加速しています。将来的には、人間の仕事の多くを、AIが取って替わるという指摘もあります。しかしながら、AIは万能ではありません。人間にしかできない仕事は、これからも残されていくでしょう。そのためには、常に学び続けることが重要です。そうすれば、これからの長い「人生100年時代」を乗り切っていくことができるでしょう。

2020年2月

北 中 英 明

コラム一覧

第1章

誰が、なぜ、どう学ぶ？
—— 経営学とは何か

ぼくは東京にある私立大学の商学部3年生。
今年からはゼミも始まるし、就職活動も気にしないといけない。そろそろ心を入れ替えて、真面目に勉強しなくちゃだめだよな……。
今日は大学の帰りに、2年前に就職したサークルの先輩に偶然呼び止められた。スーツ姿なんで最初は誰だかわからなかった。大学時代はいつもストリートカジュアル系で決めてたもんなあ。

タクヤくん（3年生）

先輩、すっかり社会人ですね

先輩

まあな。でもさ、得意先まわりばっかりやらされて飽きてきたよ。営業って、もっと面白い仕事かと思ってたんだけどな。オレさあ、今になって思うけど、大学の時の勉強って大事だぜ

ほんとですか？ 商学部の講義って、社会に出てから役に立ちますか？

うん。たまに仕事の中で「ああ、あのとき教わったのはこういうことだったのか」って思うんだよね

へえ、先輩すごいじゃないですか。

いやあ、それがさ、肝心のどうすればいいかが思い出せないんだよ。
あーあ、もうちょっと真面目に勉強しておけばよかったよ

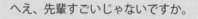

先輩の嘆きもスーツ姿も、正直言ってぼくにはまだまだ実感がわかない。
たぶん、今のうちにちゃんと勉強しておいたほうがいいには違いない。
でも、なにを、どうやって勉強したらいいんだろう？

1 経営学とはなんだろう

　経営学とはどのような学問なのでしょうか。経営学とは、おもに会社（企業）の経営にまつわるさまざまなことがらについて学ぶ学問であるといえます。経営という言葉は、テレビドラマや日常会話で、「会社を経営する」とか「企業の経営者」というように使われています。ですから、皆さんは経営についての漠然としたイメージをすでに持っているでしょう。

　ところで、経営学に限らず、学問をする上では、用いる用語や概念を正しく定義しておくことが重要です。そうでなければ、話している人と聞いている人の間で、同じ言葉を使っていてもそれぞれが考えている内容が違うということも出てきます。そこで、本書で想定している経営学の内容について、最初に定義しておきましょう。

　本書では経営学を次のような内容で定義したいと思います。皆さんは、本書を読んでいる間はこの定義に従って理解するように心がけてください。

経営学とは

定義　経営学とは、企業を運営するためのしくみやビジネスを展開するときの手続きなどに関する、さまざまな知識を系統立てて整理した学問体系のことです。

これだけではまだ曖昧なイメージしか浮かばないかもしれませんが、これから少しずつ学んでいきますので、今の時点では、この定義をしっかり覚えておいてください。

● 経営学の適用対象

　経営学は基本的に、営利企業を対象にしています。営利企業とは儲けることを目的として設立された会社のことですね。

　いわゆるビジネスだけではなく、病院や学校、官公庁や地方自治体、非営利組織（団体）などについても、対象として取り扱う場合もあります。ただし、非営利組織の経営は特殊なケースですので、本書では、経営学の対象はあくまでも営利企業の活動全般と捉えていくことにします。

　ところで、経営学は学問の世界では、自然科学や人文科学に対して社会科学と呼ばれるグループに分類されます。自然科学とは、物理学や化学などおもに自然界に存在する物質や現象について、その性質や仕組みについて知ることを目的とした学問のグループです。人文科学は、文学や哲学など、人間や人間の

行為を対象としたグループです。

　これに対して、社会科学の対象は社会的な現象です。社会的な現象とは、人間が集まってできる社会そのもの、もしくはそうした社会の中に存在しているさまざまな現象と考えればわかりやすいでしょう。経営学は営利企業を対象としていますが、企業活動というものはまさにこうした社会現象の1つであるといえます。

● **経営学という学問の特徴**

　自然科学の場合、同じことをいつ、誰がやってみても結果は同じです。例えば、ものを持ち上げて手を放す実験を想像してみてください。通常の場合は（宇宙の無重力状態であれば話は変わりますが）、手を放せばものは落ちます。ガラスであれば落ちて割れてしまいます。

　ところが、経営の世界では、同じことをやっても結果が異なってくることはしょっちゅう起こります。会社というものは人間が作り上げたものですから、つねに人間の意志という不確定な要素が入り込んでくることが原因の1つであると考えられます。それ以外にも、会社の経営にはひじょうに多くのことがらが関係してきます。したがって、関連する要因の背景にある、すべての法則を発見するのはほとんど不可能に近いというふうに考えることもできます。

　ただし、**法則はなくても、定石のようなものならば、もしかしたらあるかもしれません。**定石とは、それぞれの局面において、どのように対処したらいいかを整理したものの集大成といえばわかりやすいでしょうか。ただし、唯一無二の正解はないということも、知っておく必要があるでしょう。

　いずれにせよ、**経営学の場合には、自然科学のような法則はなかなか簡単には見つけられない**ということです。

2　何のために学ぶのだろう

　では、なぜ経営学を学ぶのでしょうか。その目的について考えてみたいと思います。覚えておいていただきたいのですが、**なにかをおこなう場合には、その目的をはっきりさせておくことが大切**です。とくに勉強のように、努力が必要とされ、くじけそうになりがちなことを始める場合には、目的を明確にしておくことで、持続と効果が期待できます。

　経営学を学ぶ目的は、企業の仕組みについて理解し、企業活動の本質的な行動原理がわかるようになること、それによって、より適切に企業活動を管理できるようになることです。ここで、管理という言葉を用いましたが、この管理という言葉は、経営学のもっとも重要な基本的概念の1つです。詳しくはこの

章の後半で説明することにします。

　まず、そもそも企業活動（ビジネス活動）とはなんでしょうか。一般的に企業活動は、社会に対して何らかの付加価値を生み出して、それを金銭的な対価と変換する行為であるといえます。人気が高い製品やサービスはよく売れますので、それだけ多くの（金銭的な）対価に変換できます。同じ活動をおこなうのであれば、できるだけ多くの結果を出せる方が好ましいですね。

● **企業活動のいろいろ**

　企業活動には、実に数多くの要素が関係しています。

　例えば製造業の場合、まず商品を開発し、原材料を仕入れてくる必要があります。商品を消費者に買ってもらうためには製品を知ってもらう必要があります。そのために TV コマーシャルを流すことも大切です。こうしたことのためには、従業員を雇わなければなりませんが、いつも優秀な人材が採用できるとは限りません。雇った従業員には給料を支払わなければなりませんから、お金が足りなくならないように注意することも必要です。

　社外に目を向けてみれば、さらにいろいろなことを考えないといけません。自社の製品を売ってくれるお店とは友好的な関係を築いておく必要があります。市場にはほとんどの場合、自社の製品と同じような製品を販売しているライバル企業が存在していますので、企業間での競争も発生します。一方、さまざまな規制や法律の関連で、官公庁などと付き合うことも必要になる場合もあります。会社も税金を納めますので、税金処理も必要です。

● **イメージで捉えよう**

　このように1つ例をとってみても、企業活動には、いかに多くの要素が関係しているかがわかると思います。しかもそれらの多くの要素が、時間の経過とともに状況を変化させています。そのような場合にはイメージで捉えるようにすると理解しやすくなります。では、企業活動全般についてのイメージを持てた皆さんは、次にどのようなことを考えますか。

　これほど多くの要素が複雑に変化しながら絡み合っているのであれば、それらをいったいどのように管理すればいいのだろうか、という疑問が湧いてきたのではないでしょうか。ところが、これらすべてをうまく管理することはとても重要なことですが、実際に実行するのは口で言うほど簡単ではありません。

　しかも、これでおしまいというわけにはいかないところが社会のつらいところです。簡単ではなくても、あるいはいくら難しくても、時間は止まってくれませんし、状況は刻一刻と変化していきます。さて、どうしたらいいでしょう？

　おそらく皆さんはさしあたり、どのような要素があり、それぞれがどのよう

企業活動のいろいろ

商品開発

仕入れ

営業

広告

雇用

その他、社外的な活動

に関連しているかについて知りたいと考えるのではないでしょうか。そう、それが経営学を学ぶ目的なのです。

　つまり、経営学を学ぶ目的とは、企業活動全般について、複雑に入り組んださまざまな要素を学び、それぞれの要素の間の動的な関係を理解することにあるといえるでしょう。

3　経営学の体系

　経営学の中には、具体的にはどのような内容が含まれているのでしょうか？下の図を見てください。経営学の内容は、大きく3つの異なった性質のグループに分けることができます。本書の以下の章では、順を追って、それぞれの内容を詳しくみていきます。ここでは、とりあえず名称に馴染み（なじ）を持ちながら、それぞれの章がどのグループに分類されているかを覚えておいてください。それによって、全体の配置のイメージをつかむようにしてください。

「仕組み」のグループ	「オペレーション」のグループ	「流れ」のグループ
企業がどのように作られているか、その仕組みについて学びます。	企業がどのように機能しているかを個別に学びます。	お金の流れや商品情報の流れなど、企業活動を円滑に進めるための流れについて学びます。
2章　組織 3章　人的資源管理 4章　経営戦略	5章　生産管理 6章　マーケティング 7章　営業管理 8章　意思決定	9章　会計 10章　財務管理 11章　サプライチェーン・マネジメント 12章　経営情報

Ａ　仕組みグループ　　仕組みを知ることが大事

　最初の仕組みについてですが、まず、企業（会社）とはどのようなものであるかを知っておく必要があります。企業は会社と呼ばれる以外に、場合によっては組織と呼ばれることもあります。組織とは一般に2人以上の人間が意識的に集まって、協同して仕事をおこなうところです。ここで、「意識的に集まって」という点に注目してください。偶然できあがったグループは組織とはいいません。皆さんが今日乗った電車で同じ車両に乗り合わせた人たちは、あくまでも偶然そうなっただけであって、組織とはいいません。

　組織をどのように設計していくかを考えるのが組織論です。組織論では、多くの人から成り立っている会社内での仕事の進め方や役割分担なども考えます。

　組織を構成しているのは、われわれ生身の人間です。機械の部品のように使い捨てというわけにはいきません。人間はひじょうに多くのことを成し遂げることができますが、逆にやる気をなくしたり間違ったことをおこなったりもします。ですから人間の集団を動かして、円滑に仕事をするためには、いろいろと工夫が必要です。組織のパフォーマンスを上げていくためにおこなうさまざまな工夫は人的資源管理でカバーされています。

　最後に、企業活動の目標を定め、組織を運営していく際の基本的な方針を定めているのが経営戦略です。経営戦略論では、経営戦略立案の際の分析手法や、立案プロセスなどを中心に学びます。また、経営戦略の内容は、組織のあり方にも大きな影響を与えますので、経営戦略論はたいへん重要な役割を担っています。

B　オペレーショングループ　　どのような働きがあるか

　仕組みを知ったら、それをどのように動かしていくかを理解する必要があります。会社には数多くの部門や部署が作られています。仕事の種類は多く、その内容は多岐にわたります。それらを全部ひっくるめたものがオペレーションです。皆さんは就職すると、どこかの部署に配属されて働くことになるのですが、それぞれの部門や部署が、さまざまなビジネス活動の中でどのように関わり、どのような働きをしているのかを知らなければいい仕事はできません。

　オペレーションとは、ちょっと耳慣れない言葉かもしれません。一般的には作戦とか事業とかといった意味の英語です。広い意味では、経営活動そのものを指す場合もありますし、狭い意味では、生産管理という意味合いで使う場合もあります。ここでは企業がおこなう通常の業務活動という意味で用いています。日本語では、本業とか現業という言葉がいちばん近いかもしれません。この業務活動をおこなうことが、企業が利益を生み出す源泉となっています。

製造業の
オペレーション

製造

生産管理

販売

マーケティング

売上を得る

営業・販売管理

　製造業の場合、製品を製造し、販売し、売上を得る、といった業務が順を追っておこなわれます。これらの業務は、生産管理、マーケティング、販売管理、顧客管理などに分類され、学問上では、生産管理論・マーケティング・営業管理論でそれぞれカバーされています。なお、サービス業や小売業も、同じようにオペレーションを考えることができます。

　最後に、今日のビジネスパーソンにとって、**仕事ができる条件として必要とされているのが、高い意思決定能力です**。これまでの日本の企業では、勤務態度や企業への忠誠心といった目に見えないもので評価されるケースが多かったのですが、最近ではわかりやすいパフォーマンスを上げることが求められてい

ます。皆さんには意思決定論をしっかり学んで、優れた意思決定能力を身につけ、ぜひ素晴らしい未来を切り拓いていただきたいと思います。

C 流れグループ　　企業の中を流れているもの

　企業活動にともなって、さまざまなものが流れています。これは人体の中を血液が流れているのと似ています。企業経営の中で重要なものは、①資金の流れ、②商品の流れ、③情報の流れの3つです。

　資金の流れは企業活動の中でもっとも重要な存在です。営利企業の場合、すべての活動は、お金を中心に回っているといっても間違いではないでしょう。また、非営利企業の地方自治体や大学などでも、収支が合わなければ破綻してしまうことからもわかるように、資金の流れをコントロールすることは非常に重要です。

　資金の流れは、大きく2つに分けることができます。

　1つ目は、日々の業務をおこなう場合に必要となる資金の流れです。もう1つは長期的な資金の流れで、会社を買収したり、株主や金融機関から資金を調達したりするような場合に当てはまります。こうした資金の流れを記録して管理することが必要です。会計では、全社の短期的な資金の流れを中心に簿記や原価計算、財務諸表の作成などを通じて、企業の経営者や社外の株主らに経営状況を判断する手がかりを提供する仕組みについて学びます。長期的な資金の流れの管理を扱う財務管理では、資金調達の方法や投資案件の判断などの根拠を学びます。

　次に重要な流れが、商品の流れです。今日のように競争が激しい経営環境の中では、どれだけタイムリーに自社の商品を消費者に届けられるかが重要になります。また、品切れや不必要な在庫もそれぞれ好ましくありませんので、サプライチェーン・マネジメント（SCM）によって適正な状態を維持することが重要です。

　最後に、情報の流れです。企業活動は意思決定の連続であり、一つ一つの意思決定の積み重ねが、全体として企業活動の方向や内容を決定づけます。意思決定をおこなうためにはさまざまな情報を活用する必要があります。そのための企業としての取組みを考える必要があります。こういった内容をカバーするのが経営情報です。また、企業の研究開発活動によって生み出された特許などの知的財産権の保護や顧客情報の流出問題の観点からも、情報管理の重要性についての注目は高まっています。

4 経営学の中心となる概念

それでは経営学のもっとも重要な概念である管理について説明しましょう。

まず最初に管理という概念（行為）の定義をしておきましょう。先ほども触れましたが、**用語を適切に定義して覚えておくことは、とても重要なことでした**ね。経営学以外の勉学においても、この点はつねに意識をするように心がけておくといいでしょう。

本書では、管理を次のように定義します。

管理とは

定義　管理とは、ものごとの状態を把握し、それを維持もしくは好ましい状態に変化させていくために必要な手段や施策を選択し実行する行為のことです。

次に、管理についての重要ポイントですが、上の定義を見てわかるように、押さえておくべきポイントは2点あります。この2点については、しっかり理解してマスター（習得）してください。

管理の重要ポイントの1つ目はモニタリングです。何がどうなっているか、状況や状態を知っておくことですね。状況を知ることと聞けば簡単に思えるかもしれませんが、実際にはそれほど簡単なことではありません。そのために会社はさまざまな努力をして仕組みや制度を作っています。

重要ポイントの2つ目はコントロールです。知り得た状況について、それを調整したり変化させたりして、好ましい状態にすることです。具体的には、会社にあるさまざまな経営資源などを、多ければ減らす、足りなければ増やす、といったことをおこなうわけです。それによって、状況を自分にとって好ましい状態にもっていこうとするわけですね。

モニタリングとコントロールを通じて、さまざまなビジネス活動を展開していくことが経営の基本的役割であるといえるでしょう。

最後に、英語での用語をいくつか紹介しておきましょう。今日の日本の経営学は米国流の経営学の影響が大きいので、ときどきカタカナで目にする機会があるからです。

ここで説明してきた管理という概念には、マネジメント（management）という単語を用います。経営管理ですと、Business Management となります。

責任者という意味で使われるマネジャー（最初のマにアクセントを置きます）という言葉は、このマネジメントから来ています。「管理する人」という意味ですね。なお日本語では、「マネージャー」という呼び方をしますが、それだとな

×マネージャー
○マネジャー

●管理の重要ポイント

①モニタリング：状態や状況を知ること
②コントロール：必要な手段や施策を選択し、状況を調整したり変化させたりして、好ましい状態にすること

んだか芸能人のスケジュール管理やお世話をする人（まさしくマネージャーですね）みたいな感じになってしまいますので注意してください。なお、マネジメントは経営陣（会社の役員の集団）という意味で用いられる場合もあります。なんだかややこしいですね。

それ以外に、アドミニストレーションという単語もよく使われます。ビジネス・アドミニストレーション（business administration）は経営管理という意味合いでも使われますが、ビジネス・スクールを卒業すると得られる学位のMBA（Master of Business Administration）という言葉の中で使われているように、こちらの場合は、経営学といった意味合いが濃くなるようです。ちなみに、本書のタイトルの英語表記は Business Administration です。

管理という言葉は、経営学のなかでもっとも重要な概念だけあって、いろいろな用語と組み合わされて使われます。それらの用語を左にざっとあげておきます。

皆さんはまだ、これらの用語の内容を想像するのは難しいかもしれませんが、心配はいりません。意識していないかもしれませんが、皆さんも日常生活を送るうえで、いろいろな場面において管理という行為をおこなっています。

例えば、

経営学で用いられている、「管理」が付く主な用語（50音順）
経営管理
在庫管理
情報管理
人的資源管理
生産管理
販売管理
品質管理
プロジェクト管理
予算管理
労務管理

在庫管理●自分の持っているゲームソフトを整理している時に、友人に貸した1本をまだ返してもらっていないことに気づく。

情報管理●友人の電話番号やメールアドレスなどの情報を携帯電話やパソコンに記録させておき、変更があれば編集して更新する。

人的資源管理●就職活動はいつ頃から始めればいいだろう。就職活動が忙しい間は、アルバイトを少し少なくしておこう。

プロジェクト管理●昨年度の履修登録をした必修科目のうち、1単位落としてしまったので、今年度は1科目多めに履修しよう。その代わり選択科目は来年度にまわそう。

予算管理●デートの時に、現在の所持金を確認してから、どの店に行こうか検討する。

コラム　MBA とは？

経営学修士。いわゆる、ビジネス・スクールと呼ばれる、経営大学院を卒業すると得られる学位のこと。一般に、社会人向けに経営学全般に関する実践的な知識を教授するカリキュラム内容を、米国のハーバード大学で開発されたケースメソッドによって教授するのが特徴となっています。米国では、企業内で昇進して経営幹部になるための必須のパスポートと見なされています。

近年、日本でも MBA を取得できるビジネス・スクールが増えてきています。その背景には、企業における実力主義が定着し、また厳しい経済状況が続くなか、自分の身を守りキャリアアップを実現するための切り札として、MBA を取得しようとするビジネスパーソンのニーズが高まっている事情があります。

などなど、普通に生活しているだけでも、このようにいろいろなことがらが日常生活には詰まっているわけで、その折々で皆さんはさまざまな管理をすでにおこなっていることになりますね。

このように、勉強を進めていく際には、自分の体験やすでに知っている知識に関連づけて覚えるようにするとマスター（習得）しやすくなります。試してみてください。

課題
この章のテーマをさらに深めるために

あなたが経営学を学ぶ目的はなんですか？　今の時点での考えを下の記入欄に書き留めておいてください。これは、本書で経営学を学び終わった後に、改めて振り返ってみるために必要です。

ぼくが商学部に入学したのには特別な理由はない。高校で数学が苦手だったので文系に進み、合格できそうな偏差値の大学を選び、なんとなく就職に有利かと思って、商学部と経営学部をいくつか受験したからだ。経営学がどんな学問か、将来の仕事にどう活かせるか、具体的なイメージがあったわけじゃなかった。

でも今回の授業と、先輩の話を聞いて、いまのうちに経営学をしっかり勉強しておくのは悪くないかもしれないと考え始めた。とりあえずは先生が繰り返し言っていた「目的をはっきりさせる」「定義をしっかり覚える」、この2つを実行してみようかな。　その後のタクヤくんは p.152

第2章 企業の土台と骨組みをつくるもの ── 組 織

そろそろ今年の秋の学園祭の準備をする時期になった。それにしても、こないだの打合せのミーティングはひどかった。みんな、てんでばらばらなことばっかりいって、なかなかまとまらないし。もっと部長がしっかりとリードしてくれないと困るよな……。

マコトくん（2年生）

ミーティングの時の様子

これまでの検討の結果、今年の模擬店は、焼き鳥と焼きそばの2品目ということに決まりました。では、次に準備と当日のためのグループ分けについて相談したいと思います。何か意見のある人はいますか？

はい、それぞれの品目ごとにサークルのメンバーを焼き鳥と焼きそばの2組に分けて、それぞれで材料の調達や準備をおこなえばいいと思います

いいえ、それでは無駄が多いと思います。それよりも、材料調達グループ、機材レンタルグループ、当日の調理グループというふうに、仕事の内容で分けた方が効率がいいと思います

それよりも、売上のお金の管理や本部との連絡とかも必要なんで、それも考えとかないと駄目じゃない？　あと、看板とかメニューとかも作る必要があるかも…

その後、約1時間、ケンケンガクガク、わいわいがやがや……最後は結局ジャンケンで、適当にグループ分けに決まって、一件落着。それだったら、あんなに時間を取ってもめることはなかったのになあ。

16

1 組織とはなんだろう

　皆さんは組織と聞いて何を思い浮かべますか？　本書は経営学の本なので、当然のことながら、会社、あるいは企業と答えた人が多いと思います。でもそれ以外にも、官僚組織や行政組織などといった使い方もします。

　あるいは、がらっと変わって、われわれ生物の身体を構成している骨格・筋肉や神経などについても組織という言葉が使われています。こうしたところから、組織とはなにかが多数寄り集まって、1つの複雑な仕組みを作り上げたものといったイメージが浮かび上がってくると思います。

　では下に、組織の定義をあげておきます。

定義

組織とは

　組織とは、共通の目的を達成するために、役割分担と指揮命令系統が内部的に決められている、2人以上の人間の集まりのことです。

● 組織論とは何か

　組織論というのは、基本的には組織そのものを対象として研究する学問ということになります。経営学の中でも古くて広がりのある学問領域で、これまでにさまざまな見方や立場からの研究がおこなわれています。会社の構成員である従業員一人ひとりや小さなグループ単位を対象としたミクロ的なアプローチや、組織そのものを対象に社会の中での他の組織との関係を見るマクロ的なアプローチや、あるいは、そもそも組織の存在意義とはなにかといったことを考えたり、実にさまざまです。

　今日の組織論は、20世紀のはじめごろに、軍隊や官僚組織あるいは工場のような組織が大きくなっていくなかで、関心が持たれ、本格的な研究が盛んになったといわれています。

　本章では、会社で仕事をおこなう上で必要になる知識を得るという実践的な立場に立って、①組織構造について、②組織の管理について、という2つの内容を中心に学んでいきます。

● 会社と組織と企業

　ところで本書の中でも出てきますが、会社もしくは企業という呼び方と組織という呼び方は、それぞれどこが違うのでしょうか？　これらについては、皆さんはここでは、組織≒会社≒企業というように、基本的にはほとんど同じ意味合いで理解しておいていいと思います。

　簡単にいえば、企業とはビジネス活動をおこなう組織ということになりま

す。会社は営利を追求する企業形態の一種で、法人格を持つ組織ともいえる
でしょう。ただし、会社の場合、注意が必要です。なぜならば、1人だけの
会社も認められているからです。そうすると、2人以上という組織の定義に
矛盾してしまいます。したがって会社の場合、組織であっても組織でない場
合もあるわけです。なんだか、こんがらがってきますね。

2 組織構造の基本形

　外資系の企業やビジネススクールなどでは、会社で仕事をする上で、なくて
はならないものとして、組織図と職務（権限）規程があると教えられます。会
社で自分の仕事を充分にこなしていくためには、この2つをしっかりと把握し
ておくことが重要だということがわかりますね。とくに前者の組織図は、組織
論での重要なテーマとなっています。

　会社に就職する時には、すでに組織ができあがっていて、その中に採用され
て配属されるという形になることが多いと思います。だから、組織と聞くと、
なんだか勝手にできあがっているようなイメージですが、そういうわけではあ
りません。

　会社では、業務内容ごとにさまざまな部署を作って、仕事を分担しています。
部署というのは、会社での管理する単位で、通常は○○部、△△課というよう
になっています。○○室という場合もあります。部門という場合は、事業部か
部以上の単位の場合が多いようです。課は、部に含まれるサブ・グループで、
それ自体では単体として独立していない感じです。

　では、組織構造について考えてみましょう。組織構造というとなにやら難し
い気がしますが、単純にいってしまえば、グループ分けということです。組織
とは複数の人間からできているということはすでに説明したとおりです。全社
員が同じ1つのグループで仕事をすることは、どう考えても非現実的です。そ
こで、業務の効率が上がるように適当な人数に分けてグループをつくり、業務
を分担しようというわけです。では、まず基本的な組織構造のパターンについ
て説明しましょう。

● ライン組織

　ライン組織とは、指揮命令系統が組織のトップ（社長）から末端の社員（い
わゆる平社員）に至るまで、一本の線（ライン）で結ばれているような組織で
す。先ほど生物の話をしましたが、ライン組織はもっとも単純な原始的な形態
であるので、生物でいえばアメーバのようなものであるかもしれません。

　ライン組織の特徴は、なんといっても形態が単純であることです。その結果、

業務上の指揮命令が正しく伝わる、という長所があります。また、組織としての秩序や規律が保たれやすい、ということも大きな長所であるといえるでしょう。

　その反面、欠点としては、メンバーの数（社員数）が増えてくると、トップに業務が集中しすぎてしまう点や、他の部門との水平的なコミュニケーションが取りにくいといった点があげられます。

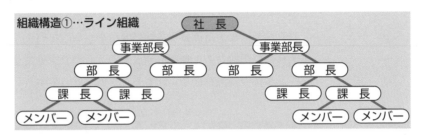

● 職能別組織

　次のパターンは職能別組織と呼ばれるものです。企業における業務はさまざまです。職能とは、それぞれの業務内容について要求される、専門的な知識やスキルといったようなものです。職能の分類は、具体的には、営業・販売、企画、製造、研究などといったものになります。本書でも取り上げていますが、経営学のそれぞれの科目（領域）が、それぞれの職能をカバーしているといってもいいでしょう。

　職能別組織の長所は、指示や業務命令が専門的なレベルでおこなえる点や、権限がトップ1人に集中しないので、管理者の業務負担が軽減される点などです。その反面、専門性を重視しすぎると視野が狭くなってしまい、全社的な視野に立った意思決定がおこなわれなかったり、業務命令が矛盾したり重複したりしてしまう欠点があります。

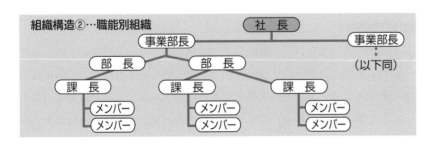

● ライン・アンド・スタッフ組織

　ライン・アンド・スタッフ組織は、ライン組織と職能別組織のそれぞれ良いところを取り入れて欠点を克服しようと工夫されたものです。

ライン組織とは、明確な指揮命令系統に従ったものであることは先に見たとおりです。会社での一般的な業務を実際におこなう部署だと考えるとわかりやすいでしょう。

　それに対して、スタッフとはいわゆる企業参謀のような役割で企業のトップもしくは管理者に助言を与えながら補佐をします。ただし、スタッフは実際の業務上では、指揮命令権を持っていません。業務上の指揮命令権はあくまでも、トップもしくはラインの管理者が持っています。

　これによって、指揮命令系統に混乱を起こさないようにしながら、その一方で業務に専門的なスキルを取り入れることができるように、それぞれの組織パターンが持つ長所を取り入れようと工夫しています。

3　組織形態

● 会社の規模

　従業員の数が増えて規模が大きくなると、企業は複数の事業を展開するようになります。それでは、大きな会社には、従業員はどのくらいいるのでしょうか？　法律の定義によると、製造業の場合は、大企業は従業員数が300人以上とされています。思ったより少なく感じたかもしれません。もっとも中には数万人とか数十万人の規模の、非常に巨大な企業もあります。世界中で見ると、米国の小売業のウォルマートが、なんと230万人で従業員数がトップでした（「フォーチューン・グローバル500」の2018年版より）。これは、政令都市に指定されている札幌市の住民数とほぼ同じ数です。

　現実の組織の構造を組織形態と呼びます。組織形態は、19頁で見た組織構造をもとにしてできあがっています。それでは、実際の企業における組織形態について説明していきましょう。

● 職能部門制組織

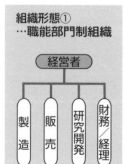

組織形態①
…職能部門制組織

　企業規模が小さい場合には、職能部門制組織と呼ばれる組織構造が取られます。これは、職能（業務内容）ごとに部署をまとめていく方法です。通常は生産、販売といったライン組織的職能でまとめられますが、人事、経理といったスタッフ的な職能でまとめることも可能です。先の職能別組織と名前が似ているので、注意してください。

● 事業部制組織

　やがて、企業が大きくなってくる（大規模化）と、複数の事業を展開（多角化）するようになってきます。それに伴って従業員数も増加してきますので、組織の形態を工夫する必要が生まれてきます。そうした場合に用いられるの

が、事業部制組織です。製品や地域（エリア）別に、事業部と呼ばれるまとまりをつくり、業務上に関連することがらはすべてそこでおこなおうというものです。場合によっては、独立採算制といって、業績に関する責任を負う場合もあります。一般的には、職能部門制組織よりも、事業部制組織の方が有効であるということになっています。

事業部制組織をさらに発展させて、各事業部で独立採算制を取るだけではなく、分社して別の会社にするカンパニー制を取る場合もあります。さらにそれが発展していくと持株会社という形態に至ります。

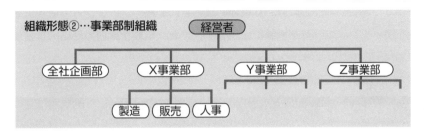

● マトリックス組織

マトリックス組織とは、組織のまとまりを考える軸を組み合わせて考えようとするものです。一般的には、製品と職能、あるいは、製品と地域（エリア）といった2つの軸でグルーピングをおこないます。従業員の規模が数万人以上で世界中に展開しているグローバル企業の場合だと、さらに複雑にするケースもあるようです。

この組織形態の特徴は、大規模な企業における事業部制組織と職能部門制組織の長所を生かせるということです。ただし現実的には、例えば、上司が2人存在することになり、それぞれの上司からの指示が矛盾する場合には、業務の遂行に支障をきたすことになります。また、部署間の調整のためのコスト（時間や労力）が大きくなる傾向があるようです。

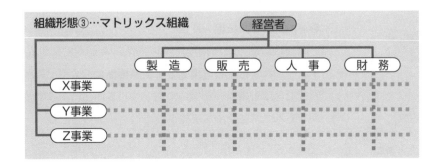

● その他

それ以外の組織の形態では、ネットワーク組織があります。従来の組織構造

は階層構造的になっていますが、業務の効率化やダウンサイジングといった流れで、多くの企業では組織のフラット化が進められました。そこで電子メールや電子掲示板といった新しいコミュニケーション・ツールが可能にしたのがネットワーク組織です。ネットワーク組織では、従来の組織（部署）の壁を超えて情報が共有され、構成員は自発的かつ創造的に業務をおこなうことができるため、業務効率がいいとされています。

　また、特定のプロジェクトごとに責任者を置いて業務を遂行するプロジェクト・マネジャー制という形態もあります。主眼を製品ごとあるいはブランドごとに置いた場合には、それぞれ、プロダクト・マネジャー制やブランド・マネジャー制になります。また、組織横断型の戦略的事業単位（SBU）などもあります。

4　組織の管理

　会社は友達同士の仲良しグループではありません。会社は、事業活動を展開して利益を追求するという目的のもとに複数の人間が集まった組織です。そしてその目的を遂行するために、仕事をするのです。

　複数の人間で仕事をおこなえば、個人ではできない仕事を成し遂げることができます。その反面、各自が思い思いの仕事をしたり、自分の都合に合わせて好き勝手なことをしたりするようになると、会社全体としてはばらばらで、とても組織であるとはいえなくなってしまいます。組織には、ばらばらになりがちな人間をまとめ上げる何らかの仕組みが必要になります。人のモラルややる気だけに頼ることはできません。

　そこで、組織構造によって指揮命令系統をはっきりさせて、職務（権限）規程を明確にする必要が出てきます。簡単にいえば、「誰のいうことを聞くか」と「何をしなければならないか」ということです。

● 集権化 vs 分権化

　業務における職務権限については、大きく相反する2つの考え方があります。それは集権化と分権化です。集権化は、業務上の権限をできるだけ少数の人（通常は組織のトップ）に集中させることによって業務効率を上げようという考え方です。ライン組織がこのパターンでしたね。

　ところが、企業の規模が大きくなってくると、こういうやり方では不都合が生じる場合があります。1人のトップがすべてに対して業務上の指示を出すことは、現実的ではありません。今日の環境の変化が早い時代に、そんなことをやっていたのでは、ライバルに後れを取ってしまいます。また、トップに依存

社長
部長
課長
メンバー

して自発的に業務を遂行できなくなってしまうかもしれませんし、すべて指示に従うだけであれば、社員がやる気をなくしてしまうかもしれません。

そこで、できるだけ権限を現場の裁量に任せようという考え方が出てきます。これが**分権化**です。その時におこなわれるのが、**権限委譲**です。

分権化した組織では、小回りのきく意思決定ができる可能性が高まります。しかし、現場の狭い視野で物事を判断してしまい、全社的な視点から見ることができなくなり、現場が暴走してしまうおそれもあります。さらに、部門ごとの利害の対立が生じたときには、その調整に手間取ってしまうというデメリットもあります。集権化と分権化は、それぞれの状況に応じて、バランス良く考える必要があるといえるでしょう。

● 組織の運営

それ以外にも、標準化、公式化、監督範囲（スパン・オブ・コントロールともいう）などといった要因が用いられて、組織がまとまりを持ちながら運営されるようになっています。

標準化とは、組織全休の能率をあげるために、仕事のやり方を一定に保っていこうという考え方です。

公式化とは、組織内での規則や手続きを書類などによって、社内に周知するものです。

また、1人の管理職（マネジャー）が、何人くらいの部下を管理できるか、何人くらいの部下を配しておくのが適正かといったことを考えることは、**監督範囲（スパン・オブ・コントロール）**の問題となります。

こうした要因を検討した結果が反映されて、19頁以下で見たようなさまざまな組織構造が生まれていくわけです。どうでしょう、組織構造について、少しはイメージが湧いてきたでしょうか？

5　組織と経営戦略

● 組織の見方の変遷

企業（組織）は、原材料や経営資源といった入力（インプット）に対して、製品やサービスという出力（アウトプット）を産出します。そういった点で、システムであるとみることもできます。そのときに、企業を取り巻く社外の環境との間でさまざまな相互作用をおこなっていますので、オープン・システムであるとされています。

この時に外部の環境から組織が影響を受ける側面を重視したものが、コンティンジェンシー理論（条件適応理論）です。それ以前は、組織を考える際に

組織をまとめる要因
- 職務（権限）規程
- 権限委譲
  - 集権化
  - 分権化
- 標準化
- 公式化
- 監督範囲（スパン・オブ・コントロール）

システムとしての組織　インプット（原材料、経営資源）　処理（会社）　アウトプット（製品・サービス）

は何らかの最善の解答があると想定したのですが、どうやらそういった正解の
ようなものはないのではないか、状況によって求められるものが異なっている
ので、それに応じた組織を作るべきではないかというような考え方です。

　それに対して、会社は主体的に行動を起こすことによって、自発的に周りの
環境を変えて、運命を切り開いていくものだという考え方もあります。こうし
た考え方は、経営戦略にもとづく市場におけるポジショニング（位置取り）に
よって、企業は自社を取り巻く環境を戦略的に選択しているという見方につな
がっていきます。

　それ以外にも、組織間の関係を重視する見方や、先述のネットワーク組織な
ど、新しい見方がいろいろと提案されてきました。

● 組織文化

　組織ができあがりますと、人が集まり特有の傾向ができあがってきます。そ
れが組織文化です。組織文化は、次のような役割を果たすとされています。①
社員の動機づけ、②業務をおこなう際のコストを削減する。③弾力的行動を可
能にする。④企業イメージや信頼の醸成などです。こうした役割は、いわば行
動のときの指針のようなものだと考えていいでしょう。

　そう考えますと、組織文化はある意味で経営戦略と同じような役割を果たし
ているというふうにも考えられます（第4章「経営戦略」を参照）。実際、良い
経営戦略の条件の1つに、組織文化の内容と整合性が取れているかどうかとい
うのがあります。こうしたことからも、組織と経営戦略の間の密接な関係がわ
かりますね。

コラム　**組織と戦略、どっちが最初？**

　「組織は戦略に従う」という有名な言葉があります。普通であれば、まず組織があって、事業活動の基本方針である経営戦略はその組織から生み出されるべきなのに、ここではあえて、戦略が先にありきと言い切っているところがポイントです。いずれにせよ、組織のあり方と経営戦略との間には、非常に密接な関係があることがよくわかりますね。

● 組織学習とナレッジマネジメント

　組織に関して「全体は個人の単純な総和以上のものである」とよくいわれます。これは、人が複数集まると、全体として達成できる仕事量は、単純に人数分を足し合わせたものだけではなく、相乗効果が生じて結果的にそれ以上のパフォーマンスが出るということです。１＋１が２ではなく、３や４になるといえばイメージが湧くでしょう。

　相乗効果をあげる要因の１つに、組織学習があります。組織学習は、もともとは、組織が環境に適応する際の個人的な取り組みに関する知識を獲得し蓄積するという点に主眼がおかれていました。さらに、構成員間の相互作用も視野に入れて、個人が蓄積した知識が組織的に記憶されるという点に注目し、組織構成員のノウハウが組織に保存されるプロセスについて考えるようになりました。組織学習の考え方は、暗黙知を形式知に変換することにより、知識の共有化、明確化を図るというナレッジマネジメントの手法に繋がっているといえるでしょう。

課 題
この章のテーマをさらに深めるために

　皆さんの身の回りで、組織だと思うものを思い浮かべてみてください。サークルやバイト先など、何でも結構です。そしてその組織の中での役割分担と指揮命令系統について考え、それらがどのようになっているか整理してみてください。

　今日の組織論の講義では、講義の合間に先生が勉強の仕方について説明してくれた。勉強の仕方って、これまでは漠然と一生懸命「勉強」すればいいのだと思っていたけれど、今日の話はなかなか参考になったな。
　重要な言葉を正確に覚えて、それを記憶のアンカー（錨）にして、それぞれのつながりを理解するようにする。だから、用語の定義というのは非常に大切で、教科書なんかではだいたいはじめのところで用語の定義をしているのかあ。今まで、あまりそんなことは考えたこともなかったなあ。
　そこにさらにいろいろと知識をくっつけていくと、最終的には体系的な知識になって、本当に理解できたことになるんだって。でも本当にそんなにうまくいくのかな？
　あと、ノートはきれいに取ろうとかいってたな。今時、高校生でもあるまいし……。BGMも有効だからって、まさか講義中にBGMを流すとは思わなかったな。今日、帰りにBGMに使われていたCDを探してみようかな。

その後のマコトくんは p.152

第3章 生身の人間はメンテナンスが必要 —— 人的資源管理

休みになったら友達と卒業旅行に行きたいな。できれば海外旅行がいいな。そのためには、ファミレスのバイト、試験前までにもう少しシフトの回数を増やしてもらって、お金を貯めなくっちゃあ……明日、店長に相談してみよう。

ヒカルさん（2年生）

店長

ヒカルさん、突然で悪いけれど明日から10日くらい続けて早番のシフトに入ってくれないか？

いいですよ。でも、どうしたんですか急に？

いや、先週採用したバイトが急に辞めたんだよ。また、新しいバイトの募集と面接をしなきゃあ

なんか、大変そうですね

うん、人を使うことってとても難しいよ。支払うバイト代も馬鹿にならないしね。きみも将来就職したらわかると思うけど。ところで、相談って何？

あ、いいんです。シフトのことで相談しようと思っていましたが、今のお話でそれが決まっちゃいましたから

1 人的資源管理とはなんだろう

　会社にとって欠かせないものとは何でしょう？　それは人（ヒト）です。な
ぜなら、会社に人がいなければ、それは単なるオフィスビルです。事務機器や
机と椅子、コンピュータが置いてあって、人がいないオフィスの風景を皆さん
は想像できますか？

　第2章で、組織とは2人以上のヒトが集まってできたものであると説明しま
した。このように考えると、ヒトは組織にとっての重要な構成要素であるとい
えます。実際、会社が経営活動を展開する上では、ヒトの存在が必要不可欠で
す。なにか具体的成果を残すためには、誰かが行動しないと始まりません。

　また、ヒトはそれぞれ異なった才能や得意な面を持っています。組織という
グループで仕事をおこなっていく場合、同じような才能の持ち主だけを集める
のではなく、いろいろな才能の持ち主を組み合わせた方が、高いパフォーマン
スが期待できます。これは、それぞれの強みを発揮し、弱みをカバーできるか
らでしょう。

　経営学を学んでいる皆さんは、経営資源としてヒト・モノ・カネ・情報といっ
た言葉をこれまでにも何度か聞いていると思います。一番最初のヒトこそが人
材、すなわち人的資源です。経営資源の筆頭にあげられていることからも、ヒ
トの重要性がよくわかると思います。

　人的資源管理論とは、会社の目的を達成するために、会社にとって欠かせない、
人という資源をどのように用いていくかを考える学問であるといえます。では、
ここで、人的資源管理の定義をしておきましょう。

人的資源管理とは

定義　人的資源管理とは、企業の経営目標を達成するために、経営資源の1つであるヒトに関して、
雇用、報酬、教育といったさまざまな側面から、有効に活用するための施策を考えることです。

2 人（ヒト）―企業をつくるもの

　人的資源管理について、本書では大きく3つのパートに分けて説明します
（図1）。インストール（雇用や配属に関する側面）、メンテナンス（報酬や福利
厚生に関する側面）、バージョンアップ（スキルアップやキャリア・アップなど
に関する側面）の3つです。

図1　人的資源管理の３つの側面

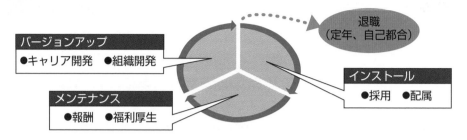

ヒトという経営資源は、会社という組織の構成要素です。機械やコンピュータにたとえると、それぞれを構成している部品のようなものであるといえるかもしれません。人間をモノ扱いするなと、叱られそうですね。でも、このようにものごとをたとえで考えて理解するのは、勉強していく上で、非常に有効な手段です。皆さんも、知らないものごとを理解しようとするときには、自分でやってみてください。

では、パソコンや液晶テレビなどを考えてみましょう。こうした機器を作るためには、全体の設計を考えて、必要な部品を調達することが必要です。１つだけあればいい部品もあれば、たくさん必要になる部品もあります。また、非常に高価な部品や、外部から買ってくることができず、自分のところで作らないといけない部品もあるでしょう。こうした機器類の部品の多様性は、そのまま、組織におけるヒトの多様性とひじょうによく似ています。

さて人的資源管理でのたとえですが、まず、パーツとして部品を調達してインストールすることは、採用活動になります。日本企業が人を採用する場合、新卒を採用する新規採用という形態がよく知られていますが、中途採用という形態も広くおこなわれています。いったん採用した人材は、その人の適性をみながら、適切な部署に配属されます。

次に、採用したヒトについてですが、消耗してしまうと困ります。機械同様、人間も適切なメンテナンスが必要です。このメンテナンスについて、本書では、報酬と福利厚生を取り上げています。

最後に、バージョンアップです。例えばパソコンの場合、CPU の性能を上げると、パソコンの処理速度が上がります。組織の場合も同様に、一人ひとりの従業員の能力を上げることは可能です。あるいは、組織全体の仕組みを、より高度なものにすることもできるでしょう。これらのレベルが高くなれば、結果的に組織全体のパフォーマンスとして、会社の業績が上がることを期待できるでしょう。

では、人的資源管理の３つの側面についてみていきましょう。

3 インストール

● 採用

　学生の皆さんにとって気になることの1つが、自分が就職を希望する企業から内定をもらえるかどうかではないでしょうか？　とくに現在、就職活動に取り組んでいる人にとっては、いてもたってもいられない感じがするのではないかと思います。

　企業が人を採用する場合には、行き当たりばったりに採用するわけではありません。通常は、現時点での社員数と定年や自己都合などで退職する社員の減少分を考えながら、**要員計画**にもとづいて採用がおこなわれます。この要員計画は、会社が毎年計上する年度予算や事業計画に密接に結びついています。

　日本企業の場合、これまでは新卒者を対象とした**定期採用**が中心でした。近年では、中途採用を含む通年採用をおこなう企業も増えてきています。また、夏休み期間にインターンシップ制度を取り入れて、学生に働くことを体験する機会を提供する一方で、将来の採用者候補を見つけようとする場合もあります。

　要員計画の内容は企業によってさまざまですが、一般的にはどの部署もしくはどの職種に何人といった形で決められています。したがって、企業の要員計画には、その企業の今後の経営活動の方向性が反映されます。例えば、新製品開発を重視するのであれば、研究開発要員を多く採用するでしょう。売上のテコ入れを狙（ねら）っているのなら、営業職の募集を増やすといった具合です。こういったところを見ることによって、その企業の経営戦略の一端が窺（うかが）えます。

● 配属

　さて、要員計画に基づいて採用した人材はそれぞれの部署に**配属**されます。ただし、いったんある部署に配属されてそのままずっとそこで働き続けるというケースはまれです。ほとんどの場合は、（人事）**異動**（「移動」ではないことに注意）もしくは配置転換によって、異なる部署や職種に配属されます。配置転換のことをジョブ・ローテーションと呼ぶ場合もあります。**自己申告制**といって、自分で次に異動したい部署を申告できる制度を取り入れている企業もあります（ただし、必ず希望通りになるというわけではない）。

　配置転換の目的はさまざまです。一般的には、その従業員の育成や適性を発見することを目的とした場合が多いようです。これは、後ほど個人のスキルアップのところでも出てきます。マンネリズムを打破して、やる気を起こさせようとするモチベーション・アップの目的でおこなう場合もあります。金融機関などでは、不祥事を予防するために、定期的におこなう場合もあるようです。その他、自社のさまざまな部署を経験することによって、会社全体についての

知識と理解が深まる、帰属意識が高まるといったメリットを追求する場合もあります。

その反面、配置転換にはデメリットもあります。最も大きなデメリットは、せっかく仕事を覚えても、新しい部署で違う仕事をおこなう場合、改めて覚え直す必要があることです。このための手間暇や労力は、最終的には人件費コストとしてはね返ってきます。あるいは、さまざまな部署に配属された結果、その人の業務スキルが中途半端なままで終わってしまう危険性もあります。

4 メンテナンス

次にメンテナンスについて見ていきましょう。ここまでのところ、機械をたとえにして話を進めてきましたが、やはりヒトはモノではありません。経営資源としてのヒトは、簡単に取り替えがききません。また、機械のように疲れ知らずに仕事を続けることもできません。パーツや部品の場合は使いすぎると壊れてしまいますが、ヒトの場合も、体調を崩したり最悪の場合は過労死につながったりします。そこで長期的な観点からの配慮をおこない、適切なメンテナンスをすることが必要になってきます。生活の基盤を安定させるとともに、時には休息も必要です。また、やる気（インセンティブ）を起こさせることも重要です。

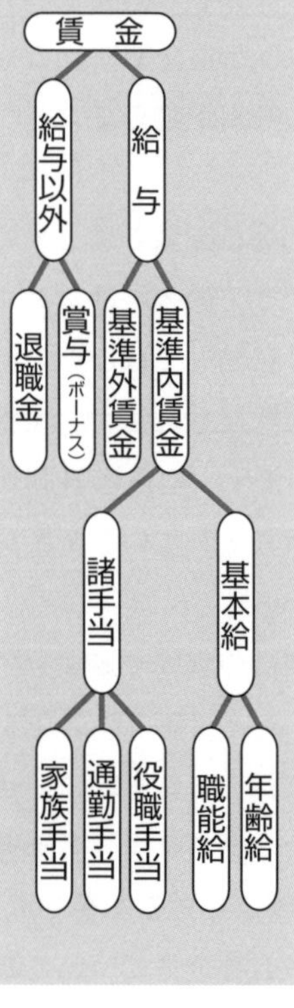

● 報酬

働く目的は、人によってさまざまでしょう。自分の夢を実現するためとか、将来独立するための経験作りといった場合もあるでしょう。その中で、ほとんどの人にとっての共通の目的は、ズバリ収入でしょう。企業に提供する労働力の対価として、報酬を得ることですね。それによって生活の基盤を安定させることができます。

働くヒト側に立ってみれば、当然のことながら、給料は高い方がいいに決まっています。就職先の人気ランキングで上位に入る企業は、給与水準が高い企業である場合が多いようです。

しかしながら、企業側にしてみれば、給料は高ければいいというものではありません。人件費は非常に大きなコストになるからです。一方、あまり給料が安すぎると、誰も魅力を感じてくれないでしょうから、いい人材を採用したくてもできないということになるでしょう。

そもそも給与水準は、労働市場における需要と供給のバランスや、世間の景気動向によって大きく左右されます。また企業の業績によっても左右されます。その中で、賃金体系について適切に管理していくことが重要になってきま

図2　報酬の体系例

```
賃金
├─ 給与以外
│   ├─ 退職金
│   └─ 賞与（ボーナス）
└─ 給与
    ├─ 基準外賃金
    │   └─ 諸手当
    │       ├─ 家族手当
    │       ├─ 通勤手当
    │       └─ 役職手当
    └─ 基準内賃金
        └─ 基本給
            ├─ 職能給
            └─ 年齢給
```

す。

● 賃金体系

賃金体系は、細かいところは業界や会社ごとにさまざまです。ここでは、最も一般的な内容で簡単な説明をしておきます。

賃金は給与とそれ以外に分けられます。給与の中身は、基本給と諸手当になります。基本給には年齢給と職能給が入ります。諸手当には、役職手当、通勤手当、家族手当などが入ります。

給与以外には、賞与（ボーナス）と退職金があります。ただし賞与は、業績連動的な内容で、業績が悪いと支給額のカットがおこなわれたりします。退職金は、一般的に勤続年数が長いほど有利な、支給額が増加するような体系になっています。

● 報酬の基本的な考え方

多くの日本企業では、年功序列制（ねんこうじょれつせい）と呼ばれる考え方によって、あまり個人の間で報酬額に差をつけず、年齢の上昇に応じて所得が増えていくような体系を取っていました。

その後、欧米、とくにアメリカ型の考え方が広がるにつれて、実力主義や成果主義的な考え方を取り入れる企業が増えてきました。これには、社会的な環境や個人の価値観の変化が大きく影響していたと思われます。そこで取り入れられていたのが、年俸制（ねんぽうせい）です。

年俸制は年功序列制のように、給料が毎年少しずつあがっていくのではなく、大きく業績を出した場合には、会社と交渉し次の契約で報酬を大きくアップさせるというような内容です。

● 福利厚生

賃金以外に企業から受け取るものとして、福利厚生（ふくりこうせい）と呼ばれる制度もあります。福利厚生は働くヒトや家族の福祉や健康を維持・向上させることを目的としています。雇用保険や健康保険のように、労働基準法によって企業が遵守（じゅんしゅ）を義務付けられている法定福利制度と、企業が独自に提供している法定外福利制度があります。従業員向けの保養所を維持したり、社員食堂を運営したり、住宅ローンの貸し付けなどは、後者の例です。

ただし、福利厚生の内容は多岐にわたるとともに、社員側のニーズも多様であるため、企業側ですべてを準備することは大変です。そこで最近では、カフェテリアプランと呼ばれる制度を取り入れている企業もあります。これは、複数の福利厚生サービスの中から、一定の限度内で選択できる制度で、企業側は、福利厚生費の削減を実現するとともに、従業員側は自分のニーズに合ったサービスを受けられるメリットがあります。

プロのスポーツ選手などの契約更改のニュースが、毎年大きく報じられたりするせいか、年俸制には「カッコいい」イメージがありますね。ただし、業績を出せなかった場合には、報酬も大幅に削減されるため、リスクの高い制度であるといえるでしょう。

　ヒトが働くことで会社の業務がおこなわれていきます。同じ仕事をするにしても、一人ひとりの能力が高ければ、会社全体としてのパフォーマンスはさらに上がります。そのために多くの企業では、企業内教育（一般的には社員教育）制度を導入しています。

● 社員教育制度の3分類

　教育制度は、①OJT、②OFF JT、③自己啓発の3つに分類できます。最初のOJTとはOn the Job Trainingの略です。職場で通常の業務をおこないながら、上司や先輩が業務に必要な知識やスキルを教えていく方法です。文字通りお手本を見せながら業務を教えることができると同時に、親密な人間関係を構築できる利点があります。

　次のOFF JTとはOff the Job Trainingの略です。一定期間業務を離れて、社内に講師を招いたり、社外の講習会に参加するなどして、知識やスキルの習得を目指します。通常は複数の人が集合的におこなうので、集合研修と呼んだりもします。教育内容は、新人教育からはじまって、新管理職教育、幹部候補生用教育などさまざまです。

　最後の自己啓発は、個人が自主的に資格やスキルを習得することです。企業によっては、必要な授業料の全額または一部を援助したり、特定の資格を取得した場合に特別手当を支給したりする支援制度を導入している場合もあります。

図3　教育制度の分類

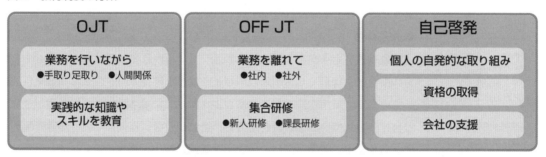

● キャリア開発

　教育制度などによってスキルアップを実現することは、個人のキャリア形成にも大いに関係してきます。さまざまなスキルアップや将来設計を含めたキャリア形成をいろいろと計画して実施していくことを、キャリア開発もしくはキャリア・デベロップメントと呼びます。会社としては、自社の今後の事業展開を見すえて、必要となる人材を養成できるという側面がありました。例えば、国際化が必要であるとすれば、社員に英語のスキルをつけさせるといった具合です。

　その背景には、個人の能力向上を含めたキャリア開発は会社が面倒をみるもの、という意識がありました。従来の終身雇用制では、いったん就職したら基本的に転職はしないという前提がありましたので、会社も個人もそれでお互いにハッピーだったわけです。

　しかし今日では、個人の意識や個人を取り巻く労働環境が大きく変わったため、各自が自分で将来設計を含めたキャリア形成を考えていくという意識が強くなっています。従業員の側からすれば、いつリストラの対象にされてもすぐに転職できるように、スキルアップして自己防衛を図ろうとするニーズが強くなってきています。

　そうなりますと、企業が社員教育などを通じて社員のスキルアップをおこなうことは、諸刃の剣となる場合もあります。社内研修や自己啓発で能力を身につけた人材ほど、転職してより労働環境のいい職場に転職するかもしれませんからね。しかしながら、そういったリスクはありつつも、企業にとって社員教育を通じたバージョンアップは、やめるわけにはいかない重要な施策となっています。

● **組織開発**

　バージョンアップには、個人のスキルアップに加えて、組織全体を対象としておこなう場合もあります。それが組織開発です。個人の能力アップをいくら図っても、組織のあり方や仕事の進め方に問題があれば、組織全体のパフォーマンスは上げにくいからです。

　組織開発については、いろいろな考え方やアプローチがあります。主な内容は、組織の構造や仕事のプロセスを見直して、①組織の柔軟性を増やし環境の変化に素早く対応できるように変革する、②組織の問題解決能力を革新する、③組織の文化や風土を好ましいものに変革する、ことを目指しています。組織を今までのものから、新しいものに変革することが焦点となっています。

6　人事評価

図4　人事評価

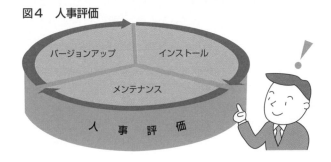

　ここまで述べてきたさまざまな施策の土台となっているのが、人事評価です。これは、報酬の額や昇進・昇格にも密接に絡みますので、社員にとっては非常に関心が高いと同時に、気が気でないものともなっています。

● **基本的な考え方**

　人事評価では、その人の仕事の成果をできるだけ公平に評価しようとします。それ以外に、本人と職務の適性を確認するという側面もあります。会社によっては、その結果と自己申告制度を用いて判断する場合もあります。

　人事評価は、一般的には、上司が部下の仕事の成果を評価します。上司以外に部下や同僚からの評価を受ける制度を取り入れている会社もあります。

● **重要な点**

　人事評価で最も重要な点は、一定の基準に従って公正な処遇をするということに尽きるでしょう。人事評価において、情実人事や依怙贔屓（えこひいき）などが横行するようになると、その組織は問題があるといえるでしょう。

評価UP

評価DOWN

　ちょっと想像してみてください。一生懸命真面目に働いた人と、怠（なま）けて休んでばかりいた人が、同じ評価を受けているとしたら、どうでしょう？　そうであれば、誰が真面目に一生懸命に働くでしょうか？　組織の規律も保てなくなります。いい仕事をした人には手厚く処遇をする一方、怠けた人にはペナルティを課す必要があるでしょう。こうしたことを信賞必罰（しんしょうひつばつ）といいます。

　失敗した人をどのように処遇するか、という点も重要です。社員は人事評価をよく見ていますので、どのような処遇をしているかということは、最終的には、会社の風土につながってきます。例えば、新しい事業に果敢に挑戦して失敗しても、次に挽回（ばんかい）できるチャンスがあれば、多くの人は積極的に挑戦するようになるでしょう。その結果、その会社の業績は、飛躍的な成長を達成できる可能性が高いでしょう。逆に、一度でも失敗したら左遷されてしまうような組織では、誰もが事なかれ主義に陥って新しいことに挑戦しなくなるでしょう。そうするとその会社は閉塞的な雰囲気に支配され、業績も低迷してしまうので

コラム　労務管理・人事管理

　これまでは、工場で働く従業員（ブルーカラー）を主に対象とした**労務管理**、もしくは、オフィスで働くいわゆるホワイトカラーを主に対象とした**人事管理**といった2種類の呼び方がされていましたが、最近では、それらを全部ひっくるめて**人的資源管理**と呼んでいます。

　会社で人的資源管理業務をおこなっている部署は、**人事部**です。組織の規模にもよりますが、全社で一元化している場合と、各事業部ごとで分散している場合もあります。ただ、新卒採用については、ほとんどの日本企業ではいまだに一元化されているようです。

はないでしょうか。

● その他──近年の雇用問題

　最後に、雇用に関する近年の問題として、正社員とフリーター／派遣労働者などの非正規雇用労働者との格差の問題があります。2019年より働き方改革関連法が段階的に施行されました。働き方改革関連法案では、同一労働同一賃金の実現や正社員への転換促進を掲げています。これらの施策によって、正規雇用労働者と非正規雇用労働者の間の不合理な待遇差解消効果が期待されています（第14章参照）。

　一方、企業にとってこうした施策への取り組みは、容易ではありません。その理由は、人件費の高さにあります。人的資源は貴重な経営資源である反面、そのコスト（人件費）は企業が負担する経費の中でも、非常に高いものだからです。

　ただし、景気の動向は変動しますし、企業の業績には浮き沈みがつきものです。雇用への取り組みを、あまり短期的な視点から判断するのは考えものです。なぜなら、人的資源は獲得しにくい経営資源でもあるからです。雇用問題については、一定の方針のもとで長期的な視点で取り組む必要があります。

課題
この章のテーマをさらに
に深めるために

　あなたが本章冒頭のコンビニ店長だったら、どのようにしてアルバイトの確保をしますか？　店長になったつもりで、考えてみてください。

　人的資源管理の先生って、説明がまあまあわかりやすかったから退屈じゃあなかったな。機械のたとえもわかりやすかったし。面白いたとえだったな。たしかに、抽象的な内容やまだ体験したことのないことについては、身近なものにたとえると、わかりやすくなるもんね。

　たとえって、比喩（ひゆ）とか直喩（ちょくゆ）とかっていうんだったっけ。Webで調べると隠喩（いんゆ）っていうのもあるけど、これはなんだろう？

　それにしてもこの「喩」っていう漢字難しい……読めるけど、でも、漢字書けない。わたしって、平均的大学生レベル？　その後のヒカルさんは p.152

第**4**章 会社の羅針盤 兼 未来予想図 —— 経営戦略

ぼくの就職活動は順調に進んでいる。明日はいよいよ第一志望の会社の最終面接なんだけど、社長がじきじきに候補者と面接をするそうだ。何を話せばいいのか見当もつかないぞ。そうだ、たまにはゼミの先生にでも相談してみるか…。あの先生、前は会社勤めをしていたらしいから、アドバイスがもらえるかもしれない。

ゴロウくん（4年生）

先生、明日いよいよ第一希望の○○商事の最終面接なんです

お、よく頑張ったな。なかなかいいところ狙っているじゃない。あの会社は業界内では、経営も安定しているという評判だもんな。それで、聞きたいことって何？

ゼミの先生

社長面接の時って、どんなことを話せばいいんですか？

そんなことは、就職課でも相談に乗ってくれるだろう

ええ。そうなんですが、先生のご意見もきいておこうかと思いまして…

きみは、経営戦略論は履修しているよね。商学部の必修科目だからな。社長面接、それはズバリ経営戦略だ。経営戦略を念頭に置いて話すと、おそらくうまくいくと思うよ！

へえ、そういうものかあ。明日の社長面接に備えて、経営戦略論をもう一度ざっと見ておこうかな……。

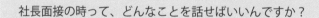

1 戦略とはなんだろう

　この章では経営戦略について学びます。経営戦略論は企業の経営者の視点から、経営活動についての重要なことがらを考えるものであり、組織論と並んで、経営学の両輪の１つをなす非常に重要なものです。

　では、経営戦略とは何でしょうか？　簡単にいえば、経営戦略とは企業を経営するための戦略ということになります。でも、これだけでは、何のことだかわかりませんね。では、戦略とは具体的にどのようなものでしょうか？　皆さんも戦略という言葉は聞いたことがあるでしょう。でもその意味するところは、なんとなくわかったようなわからないような感じではないでしょうか？そこで戦略についての定義をここに掲げておきます。

戦略とは

定義

　戦略とは、「行動原理」のこと。戦略的な行為とは、その場その場で場当たり的に振る舞うことではなく、何らかの「プラン（計画）」に従って行動する行為のことです。

> 上の定義は非常に重要ですので、よく覚えてください。

　定義をみるとわかるように、戦略とは何らかの行為をおこなう上での行動原理です。したがって、戦略はある程度は事前に決めておく計画性が必要です。あらかじめよく考え抜かれたその上で、一貫性も求められます。これは企業活動においては、取り巻くビジネス環境が状況がいろいろと変化していくので、そういった一貫性がないと状況に流されてしまい、とても主体的な活動をおこなえなくなるからです。

　そこで、改めて経営戦略とは何かと考えますと、会社の経営の舵取りにあたるといえるでしょう。しかも舵を取るだけではなく、行き先を決めたり、航海速度を決めたり、嵐が襲ってきたりしたときにはそれを回避したりと、それこそ企業活動に関わるすべてのことがらに対して直接的に影響が出てきます。まさに企業活動の際の頭脳的役割といえるでしょう。

　一般的にほとんどの企業では、経営戦略室とか経営企画部、社長室といった、いかにもカッコよさそうなネーミングの部署が置かれていて、そこで戦略立案に関わる業務がおこなわれています。おそらく皆さんは、そのカッコよさそうなイメージで、入社してすぐにそのような華やかな部署への配属を希望するかもしれませんが、新入社員でいきなりそういった部署で活躍するということは、少し難しいかもしれません。でも、いずれそういった重要な仕事をバリバリとこなせるようになるといいですね。

● 経営戦略の役割

　ここで、経営戦略が担う具体的な役割について押さえておきましょう。経営戦略の役割はおおまかに分けると、次のようなものになります。

①自社の現状分析をおこない、将来のあるべき姿である経営目標を明確にします。【指針】

②経営目標を達成するための具体的な活動としての実行計画を策定し、実行計画を実施するために、経営資源の割り振りをおこないます。【推進力】

図1　経営戦略の役割

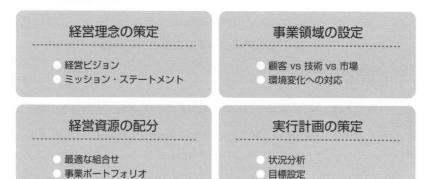

● 経営戦略の意義

　企業は複数の人間の集まりであることは、第2章でも詳しく説明しました。複数の人間が集まることにはメリットがありますがデメリットもあります。それは意思の疎通です。家族であっても意思の疎通は難しいのに、他人の集まりである会社では、社員一人ひとりの考え方や、育ってきた環境から来る価値観などがそれぞれ異なっています。また、同じ会社の中とはいえ、それぞれに異なったさまざまな業務をおこなっているわけです。そうした状況の中で、コミュニケーションを取ろうとすることはなかなか難しいことですね。でも、経営戦略がしっかりと作られて、会社の一人ひとりに共有されている状態であれば、意思の疎通は簡単にできそうだと思いませんか？　経営戦略を共有することは企業（組織）の統合性を実現することになります。

> 経営戦略の作用メカニズム
> ①経営戦略が浸透している
> ②意思決定の際の指針となるため、現場で自発的に業務をこなせる
> 　業務指示を出す必要がない
> 　一定の範囲内の選択肢を考慮すればすむためコスト（時間、手間、費用など）がかからない
> 　意思決定の時間が早い
> ③結果的に、業務効率がいい

2 経営戦略に関する基礎的なことがら

　経営戦略について考えるときに、重要になってくる基礎的なことがらについてみていきましょう。経営戦略が果たす重要な役割はいくつか考えられますが、まず最初に事業領域（ビジネス・ドメイン）の設定について説明します。

● 事業領域の策定

　事業領域（ビジネス・ドメイン）の設定は、経営戦略の大きな役割の１つです。事業領域とは、文字通り、自社が事業を展開する領域のことです。自社の社会的な存在意義を明らかにすることで、自社の位置づけを旗幟鮮明にすることです。自社が何をやっている企業なのかを明確にすることには、さまざまなメリットがあります。

　まず、市場の存在を確保して、環境変化をモニタリングするという点があげられます。もしも、自社の事業領域を明確に設定していなければ、世間での流行などによって振りまわされてしまいます。例えば最近ではエコへの取り組みや、健康志向の高まりなどがあげられますが、他社がやっているから、儲かりそうだからといった理由で、安易にその事業に進出するのは考えものです。おうおうにして事業に失敗し、損失を出して事業から撤退するといったことになりかねません。企業によってはそのまま倒産の憂き目にあうといったこともありえます。

　次に、組織内の方向づけをするという観点からのメリットも考えられます。事業領域が明確であれば、従業員の認知、意思決定、研究開発などに対しての指針として方向性を与えます。また、多くの企業では、複数の事業部を持って経営活動を展開しています。その際に、企業全体の事業領域に対して、個々の事業を下位事業として規定することができます。

　もう少し応用的な側面から、事業領域の設定を考えることもできます。例えば、従来の発想から少し異なった視点から事業領域を設定することによって、これまでの常識の枠にとらわれない柔軟な発想ができて、独創的な経営戦略を立案できる可能性があります。

● 経営資源

　次に、経営資源について説明しましょう。よく、ヒト・モノ・カネといわれますが、それこそが経営資源です。この３つに加えて情報をいれて、ヒト・モノ・カネ・情報という場合もあります。

　ヒトというのは、いうまでもなく会社で働く人々のことですね。社員もしくは従業員と呼ばれる人たちです。役員などの経営者も当然それに含まれます。ヒトの管理は、以前は労務管理や人事管理と呼ばれていましたが、最近では、

人的資源管理と呼ぶようになりました（34頁のコラム参照）。ヒトが経営資源であるという認識を強めた結果、そうなっているようです。

　次のモノですが、企業活動をおこなう上では、実にさまざまなものを使っています。細かいところでは、筆記用具や文具類（セロハンテープ、ノリ、ホッチキス）など、それ以外にも、設備、工場や機械、部品や原材料、本社や支店などの建物や、そこに備え付けられている什器類（机や椅子、本棚、応接セット）や備品（パソコン、電話）などです。こうしたものはすべて、経営資源のモノになります。

　3番目のカネについては説明しなくてもわかると思いますが、事業を展開するための資金ということになります。自社で販売している製品を製造するためには、それに必要な原材料を購入するための資金が必要です。従業員に支払うべき給料や買掛債権の精算用資金などの短期的な資金繰りにはお金が必要です。また、例えば新しく工場を建設することになった場合には、工場を建設するための土地や建物を取得するためのお金が必要になります。他社の事業を買収する場合や、会社そのものを合併・買収（M&A）する場合にも、資金が必要になります。このように事業を展開する上ではさまざまな性質の資金が必要になります。

　上記の3つの経営資源は、有形資産といったり物的資源という場合もあります。それに対して、情報は無形資産としての経営資源の代表です。当初は、自社の事業活動に有益な情報、社内での意思決定を伝達する情報、もしくはそういった情報処理能力という意味合いが注目されていました。最近では、それ以外に、特許やブランドイメージなどの知的資本が注目されています。

　知的資本とは、財務諸表（9章参照）には表記されない企業や製品のブランド価値、人材、組織力、事業能力、組織の能力などの、企業が経営活動に利用できる無形の経営資源をさします。顧客や市場関係者（ステークホルダー）、サプライヤーなど外部との取引関係などを含める場合もあります。このような無形資産を経営資源とするとらえ方は、リソース・ベースト・ビュー（RBV）という見方につながっています。リソース・ベースト・ビューは、競争優位性は自社の経営資源によって規定されるとする、経営戦略の新しい考え方です。

● 経営資源の配分と事業ポートフォリオ

　経営戦略と経営資源を考える場合に、注意する点がいくつかあります。まず1つ目は、自社で立案した経営戦略を実行するために、自社内に必要となる経営資源を所有しているかという点です。もう1つは、経営資源の配分です。複数の事業に経営資源を投入している場合、その経営資源の割り振りが適切に配分されているかどうかです。ここに、経営戦略を考える上での3つ目のポイン

トである、事業ポートフォリオについて理解する必要が出てきます。

その前にはまず、ポートフォリオという概念を理解する必要があります。例えば卵を大量に買いに行ったとしましょう。買った卵を1つのバッグに入れておいた場合、もしそのバッグを落としてしまうと、すべての卵が壊れてしまうおそれがあります。でも、いくつかの袋に分散して入れておくと、袋1つを落としたとしても、他の袋に入れておいた卵は安全ですね。これがポートフォリオの考え方です。

事業ポートフォリオとは、事業の組合せといった意味で、事業のリスクを分散するためには、複数の事業を持っているほうが好ましいのです。通常の場合、多くの企業では複数の事業を展開しています。これは、大切な経営資源を守るためにリスクを分散させていると考えることもできるでしょう。ここで、企業の全社的な業績を考える上で、どの事業にどれだけ経営資源を投入すればいいのかという配分問題が重要になってきます。

将来性が高く見込まれる事業については、経営資源をできるだけ投入することが考えられます。また、あまり調子がよくない事業に対しては、経営資源を投入することを減らすか、もしくは事業そのものから撤退してしまうことが必要となるかもしれません。

図3　PPM

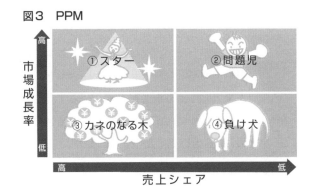

事業ポートフォリオを考える場合に、よく使われるのがPPM（プロダクト・ポートフォリオ・マトリックス）、別名BCGマトリックスと呼ばれる分析手法です。BCGマトリックスでは、事業を「カネのなる木」「スター」「負け犬」「問題児」の4つのタイプに分類して、会社全体での最適な事業の組合せを考えようとしています。

3　経営戦略の階層構造

すでにこれまでの説明の中でも触れましたが、多くの企業は複数の事業を展

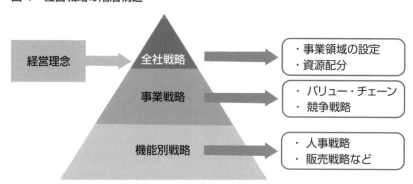

図4　経営戦略の階層構造

開しています。したがって、複数の事業ごとに経営環境（業界の状況や競合他社の動向など）は異なっています。したがって、それぞれの事業ごとに戦略を立てる必要が出てきます。こういった場合には事業戦略ということになります。このように考えると、経営戦略は、全社戦略＞事業戦略＞機能別戦略という具合に、階層的に捉えることができます。

では、経営戦略立案のプロセスについて説明しながら、その具体的な中身について説明することにしましょう。

● 現状分析

図5
戦略案の必須構成要素

まず最初のステップは現状分析です。現状分析をおこなう理由は、自社以外のライバル会社の存在があるからです。今日の日本の市場で、自社以外のライバル社がいない状況は、ほとんど皆無であるといえるでしょう。また、現在は自社の製品とは競合していないけれども、まったく異なった分野から、新製品を投入してくる企業が考えられます。これを新規参入といいます。

このように、市場におけるビジネス展開では、競争がつきものです。その結果、必然的に売上高や企業の規模に差がついてきます。そうした状況について、正しく認識し、自社の強み弱みを正しく認識しておくことは重要です。

自社の現状を分析し、正しく認識することによって、状況にあった経営戦略を立案することが可能になります。例えば、自社が市場においてナンバーワン

図6　SWOT 分析

企業の場合と、市場において二番手三番手である場合では、自ずから行動パターンは変わってきます。王者であれば王者なりの、挑戦者であれば挑戦者なりの戦い方があるわけです。

現状分析をするためのツールとして、よく知られているものに SWOT 分析があります。図6を参照してください。SWOT 分析とは、内的要因としての、強みと弱み、外的要因としての機会と脅威を列挙して、分析しようとするものです。SWOT とは、強み（Strength）、弱み（Weakness）、機会（Opportunity）、脅威（Threat）のそれぞれの頭文字を取っ

たものです。それぞれの枠に、考えられる項目を列挙することによって、もれなく経営戦略の検討をおこなえるように工夫されています。

● 目標設定

　次の目標設定は、経営活動のゴールである経営目標を明確にします。個人事業主や家族だけの自営業などの場合はともかく、社員数が増えてある程度以上組織の規模が大きくなってくると、単に働きなさいといっても、なかなか社員のモチベーションが上がりません。また、具体的に何をすればいいのかが明確になっていないと、従業員も頑張りがいがありません。皆さんも、とりあえず勉強しなさいといわれるよりは、何か資格を取得するためであるとか、就職のための筆記試験であるとか、学期末の試験を受けるためであるとかというような具体的な目標があれば、何をやればいいのかわかりますし、なんといってもやる気も起きますよね。

　経営目標としては、「5年後に売上高を現在の1.5倍に増やそう」だとか、「3年後に現在の利益率を20％向上させよう」とか、「3年以内にマーケット・シェアを現状の2倍にしよう」、というような具体的な目標を設定することが多いようです。これをみてわかると思いますが、いつまでにという期間と到達するべきゴールが明確になっている必要があります。それ以外に、「10年以内に新しい事業の柱を確立する」「市場における消費者の信頼を獲得する」といったような、少し抽象的な内容であったりする場合もあります。

　こうして経営目標を設定してもそれだけで終わりではありません。設定した経営目標を実現するために、具体的にどのような施策を実現するかを考えなければなりません。それが実行計画です。

● 実行計画

　自社の現状分析ができて、経営目標が定まったら、最後に、それを実現するための具体的な施策を考える必要があります。それが実行計画です。

　実行計画の内容は、市場における自社の優位性をどのように獲得し、それをどうやって維持していくかということになります。具体的な実行計画については、所属する業界の競合状況や、社会全般の景気動向、政府による規制の有無、グローバル化や環境問題のような新しい動きや消費者の変化など、さまざまな要因によって異なってきます。ほとんどの企業では、自社の研究開発能力や技術力から販売力にいたるまで、ありとあらゆるものを総動員して、自社の経営目標の実現に向けた実行計画を練りあげています。

　実行計画については、設定した目標に対して、いくつかの選択肢が考えられます。例えば売上高を伸ばすという目標を立てたとしましょう。売上高を伸ばすためには、これまでの販売数量を増やすことがまず考えられます。あるいは

図7　経営戦略の実際

ゴールに到達する
ルートは
いろいろある。

販売価格をあげることも考えられます。新規事業を展開して、売上高を増やすという方法も考えられます。

　また、M&Aをおこなって、同業他社を吸収合併するという手法も、選択肢の1つとして検討することが必要になるかもしれません。ただし、カニバリゼーションと呼ばれる、自社の製品同士の競合が起こってしまうおそれがあるので注意が必要です。このように目標を達成する手段はいくつかあります。このように、目標を1つ設定しても、その目標（ゴール）に到達するための道筋はさまざまです。

４　良い経営戦略の条件とは

　良い経営戦略の条件について考えてみましょう。まず、経営戦略の中の基本的な考え方がころころ変わるのは困ります。社内外からの理解や共感を得られなくなるおそれがあることが容易に想像できますね。

　次に経営戦略の内容が矛盾しているのも困ります。例えば、売上数量を増やすと同時に収益性を上げるという経営戦略があったとします。しかし、収益性を上げるということは価格を高めにして、宣伝費や販売促進費といった経費を抑えた活動をイメージするのに対して、売上数量をふやす場合には、大いに宣伝すると同時に、価格も思い切って低めに設定する必要があるでしょう。2つの目標は目指す方向性が異なっているために、現場でビジネスを展開する場合に混乱が起こるおそれがあります。

　最後に、経営戦略の内容とともに、その表現も重要です。例えば、「消費者の満足度を高める」という抽象的なものだと、価格を下げるのか品質を上げるのか、どちらが優先されるのか一概には決められません。それよりも、「市場におけるシェアでナンバーワンを目指す」というようなわかりやすい表現の方が有効です。

良い経営戦略の
4C
●中身がしっかりして
いる（contents）
●自社の状況に適合
している（context）
●簡潔でわかりやすい
（concise）
●矛盾していない
（consistent）

コラム　オフバランスシート資産とは

　従来から、財務諸表に記載される無形資産に「のれん代」があります。これは企業が他の会社を買収した際に生じる資産の評価額と買収金額の差額をのれん代として認めたものです。これはその企業が長年培ってきた信用や市場におけるブランドイメージなどが無形の価値を持っていると評価されているためです。その一方、財務諸表に記載されない無形資産は、「オフバランスシート」資産と呼ばれます。

5 ミッション、経営理念

　最後になりましたが、経営戦略に関連して、ミッションもしくは経営理念についても触れておきましょう。企業は社会的存在ですので、企業がビジネス活動を展開するときには一定の社会的責任が発生します。そのため、企業によっては、自社の企業活動の社会における存在意義を自発的に、ミッション（社会的使命）として定めるところもあります。また、より実践に即した形での活動指針として、経営理念を定める企業もあります。これらのミッションや経営理念が、いわば土台として経営戦略を支えているわけです。それによって、企業活動のそもそもの原点といいますか、企業の価値観や基本的なものの見方・考え方を提供しています。

課題

この章のテーマをさらに深めるために

　皆さんは、これから就職活動をおこなうと思います。自分の就職活動を企業活動と同じように捉えて、自分なりの経営戦略（就職活動戦略）を立案してみてください。

　経営戦略を考えるって、難しそうだけどとても面白そうだな。なんか、明日の最終面接が楽しみになってきたな。「御社の経営理念についてですが…」なんて言ってみようかな。
　自分でも将来はそんな仕事もしてみたいな。独立して起業するというのもありかも……。
その後のゴロウくんは p.152

第5章 売る製品がなければ始まらない —— 生産管理

就職の内々定をなんとかもらえたので、ゼミの先生に報告しに
いったら、夏休みに開催される学会の国際大会の運営の手伝いを
頼まれた。朝から一日拘束されたけど、日当1万円ならまあいい
かな。一日中座っているだけと聞いていたのに、急に工場見学の
オプションツアーに同行することになって、ちょっとびっくり。
もっとも私は、お弁当や飲み物を配る雑用係だけどね。
大型バス2台に分乗して行ったのだけれど、外国人ばかりでした。
みんな、外国の大学の先生なんだって。それにしても、外国人っ
てよく喋りますね。都心から1時間半程度で着いたのは、大手自
動車メーカーの工場。工場見学なんて小学校の社会の時間以来だ
けど、なかなか面白かったです。

サナエさん（4年生）

ゼミの先生

昨日はどうもお疲れさま。面白かったでしょう

ええ、とっても。自動車会社の工場って、いろいろロボットとかもあっ
て活気がありますねえ

ほほう。じゃあ、生産管理にも興味が湧いたかな？

ええ、まあ

でも、生産管理ってなんかかなり地味だし、私個人的には今後とも
あんまり関係がなさそうだけど……。

1 生産管理とはなんだろう

　製造業の場合には、生産した製品を販売することによって、売上を計上するというのがビジネス活動の原点といえるでしょう。したがって、製造過程を上手に管理することは非常に重要なことになります。生産管理とは、その時に用いられる重要な取り組みです。

　まず、生産管理の定義を押さえておきましょう。

定義

生産管理とは

　生産管理とは、企業が付加価値を生み出す製造プロセス全般について、業務の効率化の実現などを通じて、企業経営に資するための取り組みです。具体的には、必要とされる品質の製品を、必要とされる時期に、必要とされる量を、できるだけ低いコスト（製造原価）で効率的に生産することです。

　こうした目的のためには、製造工程を設計し、製品の製造に必要な設備や機械を準備することが必要です。また、生産に用いる原材料や人員の確保・手配ということも重要になります。とくに、効率的な生産のためには、タイミングが重要になってきます。そういったことを製造現場である工場を中心にカバーしておこなうのが生産管理という活動です。今日では、工場だけではなく、企業全体の活動の中でも重要な位置づけとなっています。

図1　生産管理の目標

生産性の向上
●経営資源の有効活用
●コスト構造の改善
競合優位性の確保
●品質の差別化
●コスト構造
●時間(Time to Market)の短縮

　生産管理をおこなうことによって、企業は次の2つの目標を達成することを目指しているといえます。まず、生産性の向上です。これは、最も直接的でわかりやすいでしょう。製造過程で用いる原材料は、経営資源のモノにあたります。したがって、同じ原材料からできるだけ多くの製品を生産できれば、貴重な経営資源をそれだけ有効活用できたことになります。また、生産工程を上手に管理できれば、それ以外の資源（ヒト、カネ）についても、効率的に利用できます。例えば、より少ない人員で同じ量の製品を生産できれば、あまった経営資源を別の事業に投入することができ、これも経営資源の有効活用につながります。

　2つ目の目的は、競合優位性の確保です。他社よりも品質の優れた製品を生産できれば、製品の市場における価値（市場性）は高くなります。その結果、その製品の売り上げがよくなると期待できます。あるいは、コスト構造を改善し、同業他社より少ないコストで生産することができれば、市場における売値を低めに設定できます。その結果、その製品の市場性は高くなります。さらに注文が殺到したときにすぐに作って、競合他社が製品を出す前に市場に出荷で

きれば、その場合も優位な状況にたてます。このように生産管理によって高い製造能力を実現することは、その会社の競合優位性の確保につながるわけです。

2　企業経営における生産活動

　優れた生産管理能力が求められる理由について、もう少し補足しておきましょう。一般的に企業はできるだけ多く、自社製品を販売しようとしています。それはなぜでしょうか。マーケット・シェアを高めるためですか？　これでは質問を言いかえているだけで、答えになっていませんね。

　この場合の企業の動機を説明するものに経験曲線（効果）があります。これは、BCG（ボストン・コンサルティング・グループ）というコンサルティング会社が実際の調査結果にもとづいて提唱した概念です。その内容は、ある製品の累積生産数が増加するにつれて、生産効率が向上することです。業種や品種によって異なりますが、製造量が倍になると、生産にかかるコストが10～30%削減できるとされています。この理由としては、①熟練による学習効果、②作業方法の改善活動、③作業の標準化、などがあげられます。

　もうひとつの要因が、変動費と固定費です。生産活動に必要なものは、大きく分けて2種類あります。原材料と、工場の設備や機械ですね。原材料は、生産する製品の数に応じて必要とされる量が変動するので、原材料費のことを変動費と呼びます。一方、設備や機械は、製品をひとつだけ作っても何十個作ってもその費用は同じですので、固定費と呼びます。できるだけ多くの製品を作った場合には変動費は嵩みますが、逆に固定費は一定ですので、1個あたりの製造単価は低くなります。このあたりのところは**図2**をみてください。

　このように、自社の製品をできるだけたくさん製造することは、その企業のコスト構造を改善しますので、望ましいことです。そのためには、生産効率を高めることが必須となりますので、優れた生産管理能力は、企業経営にとって欠かせない要因であるといえるでしょう。また、生産性を向上させるというこ

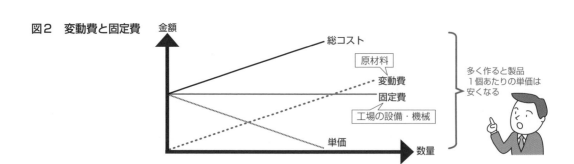

図2　変動費と固定費

とは、製造される製品の量が増えるわけですから、企業はできるだけ自社の製品を販売するために努力することになります。このあたりから先は、マーケティングの領域に入ります。いずれにせよ、企業経営にとっての基本的な考え方として、生産効率を高めることは非常に重要な課題といえるでしょう。

3 生産方式

　生産管理とは、具体的にはどのようなことをするのでしょうか。皆さんはあまり実感が湧かないかもしれません。ここでは、中心的な概念や項目についての説明をおこないます。まず生産方式について代表的なものを説明しておきます。

　生産方式とは、製品の製造のスタイルであるといえます。分類の仕方はいくつかあります（**図3**）。製品の作り方（組み立て）や流し方で分類すると、ライン生産方式、セル生産方式、かんばん方式、ロット生産方式、個別生産方式などに分類できます。製品の種類と分量の組合せからは、少品種多量生産方式、多品種少量生産方式、などがあります。受注時期で分類すると、注文を受けてから生産をおこなう受注生産と、あらかじめの見積もりによって生産をおこなう見込み生産となります。

　ここでは代表的な生産方式について、簡単に説明しておきましょう。

図3　さまざまな生産方式

製品の作り方や流し方	種類と分量の組合せ	受注時期
ライン生産方式 セル生産方式 かんばん方式 ロット生産方式 個別生産方式	少品種多量生産方式 多品種少量生産方式 中品種中量生産方式 変品種変量生産方式	受注生産方式 見込み生産方式

● ライン生産方式

　皆さんは、小学校の社会科で、工場見学に行ったことがあるでしょう。ベルトコンベアーの上を製品の原形が流れていき、それに工員さんが新たな部品などを組み立てていって、最終的には製品に変わっていく様子を見たことがあると思います。いわゆる流れ作業ですが、あれがライン生産方式です。この方式は、単一の製品を大量に製造するための方法で、製造コストを比較的低くおさえることができます。今日、多くの製造業において用いられています。

● セル生産方式

　ライン生産方式に対して、新しく登場したのがセル生産方式です。これは、

１人もしくは数名の作業チームで製品の組み立て工程を完成させるものです。場合によっては製品の検査までおこないます。ライン生産方式などの従来の生産方式と比較して、作業者１人が受け持つ範囲が広いのが特徴です。ライン生産方式と違って、個人のモチベーションが高まり、生産効率が高まるといわれています。

● かんばん方式

　トヨタ自動車株式会社で用いられている生産方式として有名になった方式です。かんばん方式とは、「必要なものを、必要なときに、必要なだけ」調達するための仕組みです。これにより生産工程の中間在庫の大幅な削減が可能となりました。かんばん方式は、トヨタ自動車がアメリカのスーパーマーケットの在庫管理方式からヒントを得て考案したものです。スーパーマーケットを前工程、顧客を後工程と考え、顧客である後工程が、必要な部品を、必要なときに、必要な量だけを前工程に取りに行くというのが基本的な考え方です。それによって、前工程がムダに部品を多く造り、後工程に貯めてしまうという、それまでの非効率な生産活動を改善しています。この方式は、海外ではジャスト・イン・タイム（Just In Time：JIT）方式と呼ばれています。

　JITに関連して、ジャスト・イン・ケースというジョークもあります。米国の製造業が不調だった頃の自虐ネタですが、「先が見えないので念のため」とりあえず製品をいっぱい作っておこうという意味で、米国の製造業の生産効率の悪さを笑いものにしていました。笑いものにしているうちはよかったのですが、2009年に入って自動車産業大手に倒産の危機が訪れるなど、予断を許さない状況に陥ってしまいました。日本経済にも影響してくるので心配です。

4　品質管理

　生産活動で次に大切なことは、品質管理です。ここで使われている品質は、設計品質と製造品質に分けられます。設計品質とは、性能やスタイルが消費者ニーズに適切に応えているかどうかということです。一般的に品質管理という場合は、後者の製造品質のことを指します。これは、生産される製品が、どの程度設計通りの水準で製造されているかを把握します。その目的は製品の品質のバラツキをできるだけ少なくすることです。そのためには、製品の製造に用いる原材料についても検査をおこない、適切な水準の品質を保っていることが重要です。

　最近は消費者の意識も高まっていますし、製造物責任法（PL法）などもあります。また、Webの掲示板などのクチコミで悪い企業イメージがついてしまう

とダメージはとても大きいので、企業としても自社の製品の品質についてあまりいい加減なことはできません。それにもかかわらず、自動車会社の相次ぐリコール（欠陥）隠し事件が発覚したり、食品の偽装事件が引き続いて起こるなど、品質管理の重要さがまだまだ理解されていない一面もあるようです。

● QC 活動

品質を管理する手法として、多くの企業で取り入れられているのが QC 活動です。QC とは Quality Control の略です。1950 年代頃に米国ではじまった QC 活動は、1960 年代以降日本で幅広く定着しました。QC 活動は科学的に品質を管理する方法であるとされています。

科学的にとは、品質管理を職人さんの勘や経験に頼るのではなく、客観的な数字でつかんで、それをもとにして品質の安定や向上を目指そうとするからです。具体的には、統計的な手法を用いて、生産される製品の品質のバラツキを分析したり、その原因を解明して不具合な点を取り除いたりします。それによって、製品の品質を改善することを目指しています。

QC 活動は製造現場（工場）だけの取り組みですが、それを広げて全社的な取り組みとして展開したのが TQC（Total Quality Control：トータル・クオリティ・コントロール）です。日本語では、総合的品質管理（活動）、または、全社的品質管理（活動）と呼びます。工場などの製造部門で実践している品質管理の考え方を、製造部門以外（例えば、デザイン部門、調達・購買部門、営業部門、マーケティング部門、顧客サービス部門など）に適用し、間接部門における作業プロセスの改善や業務の品質の捉え方などを改善することに主眼をおいて体系化したものです。担当者だけでなく、経営者や管理者を含む企業全員で参加する全社的な取り組みとして、多くの日本の企業で広く定着しました。

● シックスシグマ

QC 活動あるいは TQC 活動は、日本では広く定着しましたが、本場のアメリカでは当初はあまり注目されなかったようです。その後アメリカでも、製造業についての見直しが起こり、TQC を発展させた TQM などさまざまな取り組みが出てきました。その中で最も新しいものがシックスシグマです。

シックスシグマとは、製品のバラツキを押さえて、不良製品の発生率を低くおさえようとする管理手法です。ちなみにシグマ（σ）とは、統計用語で、平均値からのバラツキである標準偏差を意味し、分布の具合を示します。標準偏差の分布で、あるデータが平均値から 6σ（シックスシグマ）の範囲に入らない確率は 100 万分の 3.4 だとされています。そこから、不良品の発生確率を 100 万個につき数個未満におさえて、非常に高い品質水準を実現しようとする取り組みの名称として知られるようになりました。

　生産現場では、さまざまな取り組みをおこない、ムラや無駄を排除してできるだけコストを下げて、製品の生産コストを管理する原価管理をおこなっています。では、実際の製造工程についてみていきましょう（**図4**）。

　まず大切なことは、何をどれだけ生産するかという**生産計画**です。通常は、年次計画や月次計画などをあらかじめ立てておいて、それに従って製品の生産をおこないます。目的は、製品を不必要に多く作りすぎたり、品切れをおこしたりしないことです。工場での生産効率を高めるように努力します。

図4　生産管理の諸側面

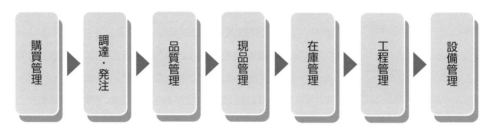

購買管理　→　調達・発注　→　品質管理　→　現品管理　→　在庫管理　→　工程管理　→　設備管理

　生産計画が作られると、部品や原材料の調達もそれに合わせておこなうことができます。必要なタイミングで、必要な部品や原材料が利用できるように発注しておくことが重要です。購買先の選定と管理や、納期や価格交渉などを適切におこなうことは、生産性の向上につながりますが、それが**資材管理・購買管理**です。

　在庫管理は、とくに重要な取り組みの1つです。在庫を多く持ちすぎると、在庫を管理するコストが余分にかかります。時期が過ぎて品質の劣化などにより廃棄処分せざるをえなくなると、そのコストは損失となります。また、在庫は会社のキャッシュフローを悪化させます。したがってできるだけ在庫を削減することが求められます。ただし、在庫削減をやり過ぎて、必要なタイミングで材料が不足して納期に間に合わなかったり、不意の受注増に対応できなかったりしては困ります。また、価格交渉のことを考えれば、大量に材料を購入した方が有利かもしれません。このあたりはバランスを取ることが重要です。

　在庫管理に関しては、一定の在庫水準を決めて、その発注点を下回ると定量を発注する**定量発注方式**と、安全在庫数に達するまでの数量を定期的に発注する**定期発注方式**があります。また、適宜棚卸しをおこなって、実際の在庫数量をチェックします。

　最後にもう1つ重要なことを付け加えておきましょう。工場の機械や設備については、普段から手入れをして、いい状態に保って機能を維持する必要があ

ります。そのためには定期的に検査するなどの設備管理をおこないます。それを全社的な取り組みとしたものに、TPM（Total Productive Maintenance：総合生産保全）があります。TPM は、生産システム効率化の極限追求（総合的効率化）をする企業体質づくりを目標としています。

● 生産管理システム

生産活動とは、顧客の注文や販売予測などによって作られる販売計画にもとづいて、作業員や設備などを準備し、原材料や部品の手配をした上で、品質や納期を守って製品を完成させなければなりません。

生産する製品の量や種類が増加して生産プロセスが複雑になるにつれて、生産管理活動全般をスムーズに実行することは難しくなってきます。取り扱う情報量も膨大なものになりますので、人手だけでは大変です。そこで、最新の情報技術を活用して合理的な生産管理をおこない、生産効率をできるだけ高めようという取り組みが早くからなされてきました。そのために用いられているシステムが生産管理システムです。実際、多くの企業の生産部門では、社内の他の部門よりも比較的早くからコンピュータの導入が進んでいたようです。

MRP（Material Requirements Planning：資材所要量計画）は 1960〜1970 年代に生まれた、代表的な生産管理手法です。企業の生産計画達成を前提に、部品表（BOM：Bill of Materials）と在庫情報から発注すべき資源の量と発注時期を割り出すことにより、在庫の圧縮と不足の解消を同時に実現し、生産性の向上に大きく貢献しました。MRP の処理は当時の大型コンピュータによっておこなわれました。

その後、MRP を発展させた、MRP II（Manufacturing Resource Planning：生産資源計画）や APS（Advanced Planning & Scheduling）などの手法（システム）が生まれています。さらに資源の範囲を経営資源全般に拡大して、企業全体の資源（リソース）を計画的に配置しようというのが ERP（Enterprise Resource Planning：企業資源計画）です。ERP は統合業務パッケージとして、製造、調達、物流、販売から、人事、財務、会計と、企業活動すべてをカバーしています。1995 年〜2000 年頃にブームを巻き起こし多くの企業で導入されました。

6　新しい動向

これまで見てきたように、企業が生産活動をおこなうためにはさまざまな取り組みが必要です。また、その取り組みは企業を取り巻く環境の変化にともなって、さまざまな変化や対応を余儀なくされています。

生産活動に関して最も大きな要因は、コスト削減に対する絶え間のないプレッシャーです。とくに日本の人件費が、近隣諸国に比較して高くなった結果、人件費の安い海外に工場を持っていくことによって、製造原価を削減しようという海外生産の動きがあります。

また、海外に輸出する製品に関しては、現地で製造をおこなう現地生産も多くの製造業が実施しています。さらに企業経営のグローバル化の進展にともなって、生産プロセスをアウトソースして、コスト削減を実現しようとするファブレスという動きもあります。ファブレスとは、自社で工場（ファブ）を持たない（レス）ことです。自社工場で製品を生産する代わりに、開発や企画のみおこない、実際の製造に関しては、国内外の他の企業に委託するという方式です。資金が工場や生産設備に固定化されないため、事業のリスクを軽減できるとされています。とくに、製品のライフサイクルが短く、設備投資に大きな資金が必要となる業界で活発におこなわれています。ただし最近では、製品の開発や設計だけではなく、自社工場で製造プロセスを実践することが、他社との差別化を生み出す源泉であるとして、生産活動の実践を再評価する動きもあります。

● サービス業やホワイトカラーも生産性向上は必須

ここまで勉強してきて、生産管理って、製造業や生産部門しか関係ないのではないかと思っている人もいるかもしれません。でも、生産管理の概念や生産性の向上が必要とされているのは、製造の現場だけではありません。

サービス業で、近年提唱されているサービスサイエンスという概念があります。サービス分野は事業規模も大きく、従事する従業員数も多いため、社会的な影響度合いが高まっています。その割に、製造業に比較すると生産性は低く、これまで、生産性改善の取り組みもあまり注目されてきませんでした。サービ

コラム 工場長はつらいよ？

以前、筆者が勤務していた会社での話です。新入社員として工場で研修を受けていたときに、工場長の講話があり、その時に聞いた話が印象に残っています。それは、「工場では、何円、何十銭という単位で、血のにじむような努力をしてコスト削減をおこなっている。その一方で、マーケティング部門や宣伝部門は何百万円何千万円といった予算でキャンペーンを次から次に打っている。それを見ると複雑な気持ちになる」と。

さすがに工場長の方ですから、新入社員にグチを言ったわけではありませんが、同じ会社でも部署によっていろいろあるんだなと考えさせられました。それぞれ異なった職能を果たしているとわり切って考えればいいのですが、現実にはなかなかきれいごとばかりも言っていられません。今になると、新入社員に向かって思わず本音を言ってしまった工場長の気持ちがよくわかります。

スサイエンスとは、サービスを科学的な視点から分析し、生産性の向上を実現しようとする取り組みです。

　いわゆるホワイトカラー全般（いわゆる事務職）にとっても、生産性の向上は重要な課題として注目されています。日本人は非常に勤勉であるとよくいわれます。あまり長い休暇を取らず、普段から遅くまで残業しているからでしょう。その一方で、日本のホワイトカラーの本当の生産性は、諸外国に比べると低いという指摘もあります。サービス業もホワイトカラー業務も、製品のように在庫として取り置きができません。したがって、業務のスケジューリングや業務処理能力の調整を通じた生産性の向上のために、科学的に取り組むことは重要な意義があるといえるでしょう。

課題
この章のテーマをさらに深めるために

　皆さんが今期履修登録した科目について、試験とレポートがあるとします。少しでもいい成績をとるということは、いってみれば生産性の向上と考えていいでしょう。

　準備のためのスケジュールや段取りを考えてみましょう。いつごろから準備を始めますか？　資料や参考文献の収集はどうしますか？　レポートを書く時間も必要ですね。また欠席した日の講義ノートはどうしましょう。

友人に借りるにしても、相手の都合も聞かないといけませんね。あとは、自分でできるだけ具体的に考えて、実際にそれを実践してみてください。いい成績がとれるといいですね。

生産管理とかって必要ですか？　生産管理って、けっこう細かいことやってむずかしそうな感じがしてしまいます。それに私は、文系採用の女子で工場とかの勤務はなさそうなので、あまり学ぶ必要はないのではないでしょうか…

その通り。ただし、もしもきみが一生ヒラ社員のままでいいというのならばね…

えっ？

経営者は、生産部門についても知っておかないと務まらないからね。それに今時、男も女もないんじゃないか？　ぜひ、女性社長を目指してごらんよ。それに、国民性というのだろうか、われわれ日本人はやっぱりものづくりが得意だし、生産管理の考え方は、これからもますます重要になっていくのじゃあないのかな

その後のサナエさんは
p.152

第6章 マーケットにミラクルを起こす —— マーケティング

今日は3年から履修するゼミの説明会があったので、友人と聞きに行ってみた。

コウタくん（2年生）

マーケティングと経営戦略論、どっちのゼミがいいか、迷うなあ

マーケティングって、他の経営学の科目は漢字の名前なのに一つだけカタカナで、なんか親しみやすい感じだよね

そういえば、マーケティングの講義の時も、よくTVのコマーシャルの話や、コンビニの話なんかが出てきて、楽しそうだし。ユニークな新製品を作ったりして面白そうだよなあ

でも、楽しいことばかりして給料もらえるなんて、そんなオイシイ仕事ってあるのかな？

先輩のゼミって、面白いですか？　どんなことをやるのですか？

うちのゼミはマーケティングがテーマですが、とても楽しいですよ。経営学の勉強というと、少し堅苦しい感じがしますが、その点マーケティングはけっこう自分たちの身近な事柄が話題になるし、何と言っても、華やかな感じがするので、私は好きです。お薦めですよ♪

マーケティングのゼミに申し込んでみようかな。面接があるみたいなので、少しは勉強しておいたほうがいいんだろうなあ。

1　マーケティングとはなんだろう

　企業活動の中で、マーケティングがカバーする領域はとても広いです。一般に、マーケティングの役割は、製品もしくはサービスを作り上げ、販売促進活動をおこない、顧客（消費者、企業）に送り届けることであるとされています。消費者のわれわれからみて身近に感じられるのが、企業が展開するマーケティング活動であるといえるでしょう。それは、マーケティング活動が主として、最終的な消費者であるわれわれ消費者を対象として展開されているからです。

　マーケティング活動の成否は、企業の製品の売り上げを直接的に左右します。そのため、企業経営においてマーケティングの役割は重要なものとして位置づけられています。この章では、製造業におけるマーケティング活動を中心に学んでいきます。

　では、ここでマーケティングの定義を押さえておきましょう。この定義は、アメリカン・マーケティング協会（American Marketing Association：AMA）が制定している公式的な定義です。

AMAでは、社会環境などの変化を考えて、マーケティングの定義も見直しています。ちなみに下の定義は2017年に承認されたものです。

マーケティングとは

定義
　マーケティングとは、顧客やビジネス・パートナーや社会全体にとって、価値のあるものを創造・伝達・配達・交換するための、活動や組織やプロセスです。

　「マーケティングの4P」という言葉を聞いたことがありますか？　この言葉は、ほとんどのマーケティング入門書籍でも必ずといっていいほど取り上げて解説されています。マーケティングの代名詞ともなっているほどの、いわば定番中の定番の概念ですので、しっかりと覚えておいてください。

　マーケティングの4Pとは、マーケティング活動の具体的な施策を検討するために、マーケティング活動を製品（Product）、価格（Price）、流通（Place）、プロモーション（Promotion）の4つの領域に分類したものです。そして、それぞれの4つの単語の頭文字をとって、4Pとなったわけです（図1）。

　また、これら4つの領域の中で検討した結果の組合せという意味で、マーケティング・ミックス（組合せ）と呼ぶ場合もあります。適切なマーケティング・ミックスを決定することが、有効なマーケティング活動を生み出すと考えることもできます。

　それでは、これら4つのPについて、以下で説明していきたいと思います。

図1　マーケティングの4P

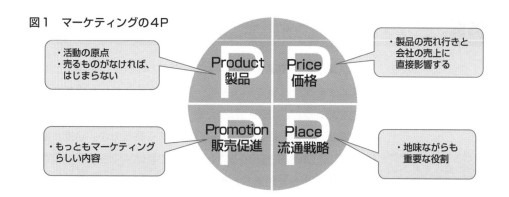

- ・活動の原点
- ・売るものがなければ、はじまらない

Product 製品

Price 価格

- ・製品の売れ行きと会社の売上に直接影響する

Promotion 販売促進

Place 流通戦略

- ・もっともマーケティングらしい内容

- ・地味ながらも重要な役割

2　製品（Product）

図2　製品分類

物理特性

耐久財

非耐久財

サービス

使用用途

個人的な消費目的

消費財

最寄品

買回品

専門品

業務用に購買される

生産財

原材料

部品

資本財

マーケティングの4Pの最初は、製品（Product）についてです。一般的に製品について考える場合には、次のような事柄について検討します。

① 製品の分類	② 製品ラインと製品ミックス
③ 製品のブランド	④ 新製品開発

● 製品の分類

製品はその特性によって分類することができます。基本的な製品の分類方法については、図2を参照してください。

● 物理的な特性による分類

まず、製品の物理的な特性から分類することができます。その場合には、耐久財・非耐久財・サービスとなります。

耐久財とは長期間にわたって使用されるものであって、代表的なものとしては、自動車・冷蔵庫・機械設備などがあります。これらは購買頻度が比較的低いために、購買単価は相対的に高めになります。また、その寿命の長さから、製品を販売した企業はアフターサービスを提供することが必要になります。

非耐久財とは通常1回もしくは数回の使用で製品自体が消滅してしまうもので、主に日用雑貨品や食料品です。非耐久財は、一般的に購買頻度が高く、購入価格は低めです。メーカー間の競合が激しい場合が多いので、テレビ広告や店頭でのキャンペーンといった、さまざまなプロモーションを展開します。

サービスは、飛行機への搭乗やホテルでの滞在といった、無形の「効用」がその内容となります。サービスは、生産と同時にその場で消費されるという極めてユニークな特性を持っています（同時性・不可分性）。また、その性質上、在庫として保管することができません（非貯蔵性）。さらに、絶対的な価値の測定をすることもできません（変動性）。したがって、マーケティング活動として

も通常の製品類とは異なった取り組みが必要となります。サービス財を対象としたマーケティングとしては、サービス・マーケティングがあります。

● 使用用途による分類

　製品はまた、使用用途から分類することもできます。その場合には、消費財・生産財というように分けられます。

　まず、消費財はいわゆる一般消費者が個人的な消費を目的として購買する製品です。消費者の購買動機や購買行動パターンなどによって、売上動向は大きく影響されます。消費財はさらに、消費者の購買行動によって、最寄品・買回品・専門品に分類されます。

　最寄品は消費者が最も頻繁に購入する、比較的購入価格の低い製品です。食料品や嗜好品などが含まれます。消費者は購入に際して最寄りの店舗で購入するため、企業側にしてみれば、できるだけ多くの販路に自社製品を置くことが重要です。買回品の場合は、購入に際して消費者は複数の店舗で、価格や品質についてしっかりと比較検討をします。したがって、同質品の場合には、価格を下げて価格訴求力を高めます。異質品の場合には、品質やデザインにおける差別化がポイントになります。専門品とはいわゆる高級ブランド製品や高額商品といった、世界的に知られたブランド力を持った製品のことです。通常は少数の特定販売経路においてのみ購入することができます。消費者は当該ブランドに対して、非常に強い選好とロイヤリティを持っていて、その製品を購入するためには少しぐらいの苦労を払うことも嫌がりません。一般的には、この製品を販売する場合は、洗練された対人販売をおこなう必要があります。

　次に生産財ですが、企業における生産活動や再販売といった業務用に購買されるものです。したがって、購入するのは企業であり、通常大口の顧客である場合が多いです。購入する企業には、高度な専門的知識を有する購買担当者がいるために、販売する方も高度な販売・サービスを提供することが必須となります。生産財を細かく分類すると、原材料・部品、資本財、備品・サービスとなります。原材料・部品は、製造業の生産プロセスにおいて使用される、原材料、加工原材料、部品などです。資本財は工場の施設・建物や生産設備などの、企業の生産活動において長期的に用いられるもののことです。備品・サービスには、オフィスで使われる文具や事務用品などの消耗品や什器類などがあります。また、オフィスなどの保守サービスや法律や会計といった専門的な内容のコンサルティング・サービスなどもあります。

　このような生産財の場合の最終顧客は、一般の消費者ではなくて企業です。通常の一般消費者とは異なっているために、展開するマーケティング活動の内容も若干異なります。それは生産財マーケティングと呼ばれています。

● 製品ラインと製品ミックス

　多くの企業は複数の製品を市場に導入しています。そうしないと、今日の多様化された消費者のニーズに応えることができず、その結果として、ビジネス機会を逃すことになってしまうからです。複数の製品についてのマーケティングを考える際に参考になるのが、製品ラインと製品ミックスです。

　製品ラインとは、1つの製品が属する製品群のことを指し、取り扱うアイテムによって製品ラインの広さが設定されます。製品ラインの広さは、企業目標と密接な関係があり、高いマーケット・シェアや成長性を狙う企業は、一般に幅広い製品ラインを持つ傾向があることが指摘されています。通常この製品ラインの広さをどのように設定するかという点が、マーケティング担当者にとって非常に重要な決定となっています。

　次に、複数の異なった製品群の製品をもつ場合、その企業は製品ミックスを持っていることになります。製品ミックスについては、幅、広さ、深さ、統一性といった尺度で検討します。製品ミックスも、製品ラインと同様、企業の戦略目標と密接な関わり合いがあります。企業は製品ミックスを調整することによって、経営目標を実現できるように努力しています。

● 新製品開発

　製品戦略の大きな課題の1つに新製品開発があります。製品ミックスを考える上でも新製品開発プロセスを効果的に管理することが重要になってきます。新製品開発のプロセスは大きく分けると、製品コンセプトの開発、製品化、市場投入の3つのステップに分けることができます。また、製品の開発にあたっては、企業内に保有する技術力を出発点とするシーズ型の新製品開発と、消費者のニーズをもとにしたニーズ型の新製品開発の2つのアプローチがあります。

● ブランド

　製品のブランドは、単に製品の名前の役割を果たすだけではなく、消費者が製品の品質を評価するための手がかりにしたり、保有することによってステータスを感じることができるというような付加価値を生み出したりするものです。今日ではブランド・エクイティという概念で、マーケティング活動における重要な要因の1つとされています。どのようにブランドを構築・維持していくか、1つの企業が複数のブランドを保有しているときにはどのように管理すればいいか、といったことについて検討します。

3　価格（Price）

　2番目は価格です。価格については、大きく2つの点について検討する必要があります。それは、具体的な価格設定の方法と、それを踏まえてどのような価格政策をとるかという点です。

　価格設定の方法については、業界の競争状態によって設定する方法、製品の製造原価を基準として設定する方法、目標とする利益によって設定する方法、損益分岐点によって設定する方法、消費者の評価を基準として設定する方法、などさまざまな設定方法があります。価格設定に際しては、価格弾力性<ruby>かかくだんりょくせい</ruby>についても十分に考慮する必要があります。価格弾力性とは、一般に製品の価格が上昇するとそれに反比例して需要が低下するというものです。

　次に価格政策ですが、これは製品のライフサイクルによって異なってきます。通常、導入期においては浸透価格<ruby>しんとうかかく</ruby>と呼ばれる設定をする場合が多いようです。これは、将来の生産コストの低減を見越して、戦略的に低めの価格設定をおこなって、マーケット・シェアを一気に獲得しようとするものです。それとは逆にスキミング・プライスと呼ばれる価格設定をする場合もあります。これは、当初は比較的高い価格を設定しておいて、需要が拡大するとともに価格を徐々に引き下げていくというものです。

　ライフサイクルが成長期に入りますと、ライバルの製品が増えることなどから、価格低下の圧力が強くなってきます。また、生産規模の拡大ならびに経験効果によって、生産コストの低減が可能となります。そうなると価格を低くする余地が出てきます。さらに成熟期に入りますと、市場における競争は価格を中心におこなわれるようになるため、価格はいっそう低下することになります。

　これら以外にも、競合他社との差別化を図るための価格設定、あるいは、マーケット・シェアを獲得するために一時的な採算を度外視して特別の価格設定をするプロモーション価格などがあります。

4　流通（Place）

　3番目の流通チャネル（Place）もマーケティング活動において非常に重要です。流通チャネルは、企業と消費者の間に存在して企業の生産活動と消費者を結びつけています。一般的な流通チャネルの役割は、実際の市場の動向を企業に伝達する調査機能、企業の販売促進策を消費者に伝えるプロモーション機能、企業と消費者に出会いの場を提供する市場機能、物流配送機能、与信管理やリスク保証といったファイナンス機能、などがあげられます。

流通チャネルの性質は、中間業者の数によって分類されます。中間業者がまったく存在せずメーカーが消費者に直接販売する場合をゼロ段階チャネルといいます。主なものに通信販売、訪問販売、直営小売店による販売などがあります。中間業者の数が増えるごとに、１段階チャネル、２段階チャネル、３段階チャネル、と呼びます。

　実際にチャネルを設計する場合においては、次のような点を検討する必要があります。まず、流通チャネルの長さです。一般的には、できるだけ仲介業者の数が少ない方が企業ならびに消費者双方にとってのメリットが大きいと考えられています。実際にはこれまでの経緯や地域・顧客ごとの事情によって流通チャネルが長くなる場合もあります。

　次に検討する必要があるのは、チャネルの幅です。チャネルの幅とは、ビジネスに関与してくる仲介業者の数をどれぐらいにするかということです。開放的な流通チャネル政策の場合は、特定の仲介業者を指定することなく、すべての業者を通して自社の製品を流通させます。これは販売量の拡大を目指す場合には有効ですが、市場におけるコントロールが困難になります。それとは異なって、仲介業者の販売力やこれまでの実績に基づいて選別的に取引をおこなうのが選択的な流通チャネル政策です。特定の仲介業者に対して特約店として独占的な販売権を与えるかわりに、同業他社の製品を取り扱うことを禁じる排他的な流通チャネル政策などもあります。

5 プロモーション（Promotion）

　マーケティングの４Ｐの最後はプロモーション（Promotion）です。プロモーション活動の手段としては、宣伝広告、販売促進、人的販売、パブリシティの４つがあります。これら４つの施策の組合せのことを、プロモーション・ミックスと呼びます。

　消費者が製品を購買するという最終的な行動に結びつくまでには、長い意思決定のプロセスが存在しています。企業は、消費者にできるだけ多く自社の製品を購入してもらえるように、さまざまなメッセージをプロモーション活動を通じて送ります。そういった意味で、企業が展開するプロモーション活動は、消費者に対するコミュニケーション活動であるという見方もできます。

　企業と消費者の間の関係をコミュニケーション活動として捉える際に想定される、いくつかのコミュニケーション・モデルがあります。そうしたモデルにはAIDMAモデル、効果階層モデル、革新採用モデル、コミュニケーションモデルなどがあります。その中でも最も有名なAIDMAモデルでは、消費者の態

度変容プロセスを5つの段階に分け、それぞれの段階におけるプロモーションの目標を明確に設定しています。ちなみに5つの段階とは、①注意（Attention）、②興味（Interest）、③要求（Desire）、④動機（Motive）、⑤行動（Action）であり、AIDMAとはこれら5つの段階の頭文字から作られています。それぞれの段階における企業の目標は、①認識度を向上させ知名度を高める、②商品に対して興味を持たせる、③消費者にニーズを感じさせる、④購入したいという意図を形成させる、⑤購入したいという意欲を起こさせる、というものです。

　プロモーション活動を考える際によく用いられる有効な考え方に、プッシュとプルがあります。プッシュ戦略とは、チャネルが消費者に対して自社製品を積極的に販売する動機づけをおこなうよう、企業がチャネルに対して販売促進を働きかけることです。これはあたかもチャネルの上流から自社製品を押し流す（プッシュ）ような働きかけをすることから、このように名付けられました。それに対してプル戦略とは、企業が消費者に対して直接働きかけることによって、自社製品に対する需要を高め、消費者がチャネルに対して自社製品を指名買いする（プル）ことを狙っておこなわれます。

　プロモーションの代表的なものである宣伝広告をおこなう際には、さまざまな媒体（メディア）を用います。主な媒体（メディア）としては、新聞、雑誌、テレビ、ラジオ、看板、折り込みチラシ、DMなどがあります。最近ではWebのホームページや電子メールなども用いられています。これら媒体の特性の違いには、情報の信頼性、費用、到達する消費者の数や質、利用回数、情報の保管期間、伝達できる情報量と質、などがあります。複数の媒体（メディア）を同時に利用する場合には、メディア・ミックスと呼ばれる、全体としての最適な組合せを考えることが重要です。

　このほかに、流通チャネル向けのリベートやボリューム・ディスカウントや、消費者向けのキャンペーンをおこなったりノベルティ（おまけ）をつけたりといった販売促進策や、人的販売活動についての取り組み、いわゆるPR（Public Relation）と呼ばれるパブリシティ活動もプロモーション活動の重要な要素となっています。

6　マーケティング活動のプロセス

　企業でおこなわれる一般的なマーケティング活動のプロセスは、下の図に示すようなステップから構成されています。英語での頭文字を取って、「R→STP→MM→I→E&C」と表現されます。

　③マーケティング・ミックスについては、すでにかなり詳しい説明をしまし

> R→STP→MM→I→E&C とは
> ①**市場調査**（Research）
> ②**セグメンテーション／ターゲティング／ポジショニング**
>   （Segmentation/Targeting/Positioning）
> ③**マーケティング・ミックス**（Marketing Mix）
> ④**実施**（Implementation）
> ⑤**評価とコントロール**（Evaluation & Control）

たので、残りのステップについて、順を追って簡単に説明しておきましょう。

● **市場調査：R**

　（市場）調査をおこなうことからマーケティング活動が始まります。そうした意味で、マーケティングの出発点であるということもできます。ただし、本書では、市場調査についてはごく簡単に触れるだけにしておきます。調査をおこなうことの目的は、市場におけるビジネス・チャンス（市場機会）を捉え、それを企業におけるマーケティング活動に結びつけていくところにあります。

　一般にビジネス・チャンスが生まれるのは、新しい商品やサービスを生み出したとき、需要と供給のバランスが崩れ市場における供給が不足しているとき、既存の製品やサービスの内容を改善したときなどです。マーケターは、調査をおこなうことによって必要な情報の収集に取り組み、こうした状況をいち早く見つけだす必要があります。

　その際に注意しなければならないのは、収集した情報をもとにして効果的な意思決定ができるかどうかという点です。この点を見誤ると、情報の収集があたかも目的のようになってしまい、意思決定には不必要な質と量の情報を収集する結果に終わってしまいます。

● **セグメンテーション：S**

　上記の調査の結果をもとにして、消費者を大まかな共通の特性によって複数のセグメント（切片）に分類し、どのセグメントを対象としてマーケティング活動をおこなうかを決定しなければなりません。消費者を分類するセグメンテーションには、さまざまな切り口があります。もっとも基本的な切り口としてよく用いられるのが地理的特性によるもので、これは多くの企業において販売組織を地域ごとに分割している例からも窺えます。次に人口統計特性もよく用いられます。これには年齢、性別、未婚・既婚、年収、職業、といった変数があります。さらに、使用頻度や使用状況（日常的な使用か、特殊な場合のみの使用か）のような行動特性による切り口もよく見られます。セグメンテーションをするもっとも大きな目的は、企業が扱える手頃な大きさのグループに分類することで、均一的なマーケティング活動を効率的に実践できる点にあり

ます。

● **ターゲティング：T**

　次のターゲティングは分類したセグメントの中から、標的となるセグメントに狙いを定めることです。個々のセグメントにアプローチする上で必要となる要件を明確に把握した上で、自社の強みが効果的に生かせるセグメントを選択することが最も重要です。それ以外にも収益性や市場規模、将来性、競合状況といった視点からセグメントを選択する場合もあります。

● **ポジショニング：P**

　これら2つのプロセスの後にくるのがポジショニングです。同じ商品カテゴリーに複数の企業が類似する製品を提供するような場合、企業は自社製品を競合他社製品に対して差別化する必要があります。そのために、自社製品の便益を顧客に対して明確に示すことで、市場における独自の地位を築きあげることがポジショニングです。あるいは、こうしたポジショニングのことをバリュー・プロポジション（価値提案）と呼ぶ場合もあります。ポジショニングを適切におこなうことによって、消費者に自社の製品に対して好ましいイメージを持ってもらえるようになります。

図3　アクションの流れ

セグメンテーション	ターゲティング	ポジショニング
・消費者を属性で分類する ・性別、年齢、職業など	・自社の製品の対象となる消費者グループを特定する 例：既婚女性、20代学生など	・競合他社と比較して自社のスタンスを明確にする 例：品質重視、高価格路線など

● **実施（インプリメンテーション）：I**

　企業のマーケティング戦略は、マーケティング・ミックスを策定し実践することで具体化されます。その前の段階でおこなった、調査やセグメンテーション、ターゲティング、ポジショニングも、すべてこのためにおこなわれたわけです。マーケティング計画の実施には、研究開発（R&D）、購買、生産、販売・営業、物流、経理といった、企業のほぼすべての部門が関連していますので、文字通り全社一丸となって取り組むことが必要です。とくに今日のような経営環境の変化が大きい状況では、環境変化に対応できるような迅速な対応が企業に強く求められていますので、関連する部門内での密接な連携が必要です。さらに、社内のみならず社外のパートナー企業との間においても、密接な連携が

取れるような関係の強化に取り組むことも重要です。

● 評価とコントロール：E&C

　マーケティング・プロセスの最後は、実践した結果を評価し、必要に応じて微調整をおこなってコントロールすることです。高い業績を上げている企業は、自社のマーケティング活動を向上させるために、市場や消費者の反応をいち早く取り入れ、自社のマーケティング戦略の練り直しを絶えずおこなっています。優れたマーケティング活動を展開するためには、こうしたフィードバックが欠かせません。

7　新しいマーケティングの本質

　もともとアメリカで1900年頃から発展してきたマーケティングですが、最初の頃は、「売らんかな志向」が強かったようで、不要なものまでも宣伝などで「うまいこと言って」買わせてしまうテクニックのようなもの、という印象を持たれてしまったようです。その後、消費者の意識が高まったことや、企業側でも真面目な取り組みを展開した結果、そういったネガティブな見方は収まり、マーケティングは今日の企業活動にとって欠かせない地位を獲得するにいたっています。

　さらに、近年ではインターネットの普及によって、ビジネスの環境が大きく様変わりをしています。マーケティングもその影響をいろいろな点から受けています。

　情報技術の進展による社会の変化は、マーケティング環境をも大きく変化させました。1970年代頃からPOS（販売時点管理）が普及し、消費者の購買データを取得する取り組みがはじまりましたが、近年のインターネットの普及は、さらに大きな影響を及ぼしています。Webや電子メールの普及によって、ワントゥーワン・マーケティングが現実的なものとなり、一人ひとりの消費者の購買状況がかなり正確に把握できるようになりました。

　その結果、企業側にとっては、需給のバランスを取ることが以前にも増して

重要になってきました。最近の社会的なエコロジーへの関心の高まりも、無駄な製品を作り続けることには否定的です。そこで、生産部門と連繋（れんけい）を取りながら必要な数量だけ製造して、できるだけ在庫を抱えないように努力することになります。

　従来の発想では、マーケティング活動の「できるだけ多く販売する」という側面が強調されてきました。これからのマーケティングに対して求められていることは、市場に流れる製品の量と速度をコントロールし、適切な量を適切なタイミングで消費者に提供することに重点が移っています。これが今日の新しいマーケティングの本質であるといえるでしょう。

課 題

この章のテーマをさらに深めるために

　情報技術の進展や社会の変化の影響を受けて、さまざまな新しいマーケティング概念やアプローチが提唱されています。

　例をあげますと、インターネット・マーケティング、オンライン・マーケティング、リレーションシップ・マーケティング、ワントゥーワン・マーケティング、パーミション・マーケティングなどがあります。興味があれば調べてみてください。

　マーケティングでは、ただたくさん売ればそれでいいというわけではない、というのはちょっと意外だったな。ものごとの本質を考えるということは面白いな。一見あたりまえのように思えて、何の疑問も抱かずに受け入れてしまうことでも、それとは違った見方や考え方があることに気づくのかも。これって、なんでも自分の頭で考えてみるということなのかな……。　その後のコウタくんは p.152

第7章 最後にものを言うのはやっぱり人間 —— 営業管理

厳しかった就職活動もなんとか乗り越え、ラッキーなことに大きなメーカーから内定をもらうことができた。ただ、配属先や勤務地がどこになるかは4月になってからでないとわからないんだって。職種さえ決まってないなんて、なんだかちょっと不安だな……。

シンゴくん（4年生）

おい、知ってるか。文系大学の新卒者だと、男子のほとんどは最初営業に配属されるんだって！

マジで？　営業ってけっこうハードな仕事なんだろう？

そうらしいな。オレのサークルの先輩で、去年就職して営業部門に配属されたんだけど、なんかあわなかったのか、すぐに辞めちゃった人がいるんだよ

営業ってさ、パンフレット持って歩き回るイメージしかないけど、オレの就職先はそんな商品作ってないぜ。なにやらされるんだろう？

うーん。わからんな

そういえば、大学の講義でもマーケティングとか経営戦略はあるのに、なんで営業の講義だけないんだ？

いや、営業管理論というのがあるよ。今年から始まったんだけどね

1 営業活動とはなんだろう

　営業ということばには「営利を目的として事業を営むこと」という意味があります。会計の用語などで営業年度といったり、企業同士で営業権の譲渡などといったりしますが、その場合の営業とは、企業が展開するビジネス活動そのものを意味しているわけです。ただしこうした使い方は、この章で対象としている営業活動とは、少々異なった意味合いです。

　ではまず、営業活動の定義をおこなっておきましょう。営業とは、一言で言えば、顧客に自社の製品やサービスの購買を勧めるためにおこなう一連の活動です。ここではもう少し補足して、次のように定義しておきます。

営業活動とは

定義

　営業活動とは、自社の製品やサービスの売買契約の締結を目的として、潜在顧客や既存顧客のニーズに合わせて、自社の製品やサービスを用いた解決策を提案し、顧客に購買の動機づけと意思決定を促して売買契約を締結するまでのプロセスを円滑に進めるためのさまざまな行為や取り組みのことです。

　営業活動は、企業活動の基本です。ほとんどの企業は自社の製品やサービスを顧客に販売するための販売力（セールス・フォース）として、営業部門を持っています。中には、他社に販売委託をして営業部門を持たない会社もありますが、それは例外的です。

　ところで、企業活動にはさまざまな費用が発生しています。企業が製品を完成させるためには、研究開発、製造、物流、広告宣伝、販売促進、人件費などのさまざまなコストが発生しています。こうしたコストはすべて、原則的には営業活動によってのみ回収できるものです。もし、企業の営業活動が適切に機能しなければ、これらのコストを回収することはできませんので、その企業は存続できなくなってしまいます。

　では、営業とは具体的にはどういう仕事をする職種なのでしょうか？　営業活動（セールス活動という場合もあります）と聞くと、どちらかといえば大変な仕事という印象を持っている人がいるかもしれません。実際、「ドブ板営業」などという、厳しい実態を想像させるような表現もあります。また、見込み顧客を開拓するために、なんでもいいから一日100件飛び込み訪問しろなどという、とかく精神論が横行しやすい素地もあったようです。その結果、あまり科学的なアプローチが重視されない傾向がありました。また、営業そのものを対象とする学問的研究も、まだそれほど体系立っておこなわれていないのが現状

です。このあたりは、関連が深いマーケティングなどとは様相が大いに異なっています。

　しかしながら、営業活動はビジネス活動の基本です。したがって、企業経営において営業活動が果たす役割とその位置づけを知っておくことは重要です。この章では、営業活動の内容をふまえながら営業管理論を学んでいきましょう。

　企業における営業活動の状況について、その実態を簡単におさえておきましょう。2019年度の「労働力調査」のデータによると、日本全体の就業者数は6737万人です。そのうち被雇用者（自営業を除くいわゆる会社員）の数は、正規・非正規を合わせて6043万人となっています。そのうち営業職業従事者は347万人と、全体の約5.7％の人が営業活動に従事していることになります。ちなみに、他の職種では、専門職や事務職が合計で2534万人（41.9％）、生産部門が906万人（15.0％）となっています（カッコ内の数字は構成割合）。一般的に、製造業の従業員の配属先を大別すると、①開発・生産部門系、②事務・スタッフ部門系、③営業部門系の３つになります。こうしてみると、営業活動に従事している人の数は、普段よく見聞きする機会が多く身近に感じているわりには、思ったより少ないことがわかります。

　営業は販売とは違うとよくいわれます。「売らんかな」主義であまり強引な販売に走らないようにとの配慮からでしょう。そうした考え方を受けてか最近では、営業活動を顧客との間のコミュニケーションとするソフトな捉え方も生まれています。しかし、営業活動は売買契約の締結まで含むということをやはり明確に規定しておいた方がいいでしょう。

企業によっては、営業活動の中に、宣伝や広告といったマーケティングの機能を同時におこなって区別していないところもあります。それ以外に、事務・庶務などもおこなう場合もあるなど、営業職には多様な要素が含まれています。

　企業が経営活動の中で営業活動を考える場合には、次の３つの側面があります。まず、会社全体あるいは事業部全体としての営業力管理です。これは、組織としてのセールスフォース・マネジメントといってもいいでしょう。具体的には、営業部門をどういった組織編成にするのか、活動計画をどのように設定し、販売目標をどうやって達成していくかなどの側面があります。

　次に、営業技術管理です。いわゆる営業活動を展開するために用いられる、さまざまなスキルや技能を、効果的に習得し実践していくことが必要です。具体的な内容としては、交渉術や説得術、スケジューリングなどの全般的なビジネス遂行能力が求められます。最後に、顧客管理です。見込客をどのように発

図1　営業活動の3つの側面

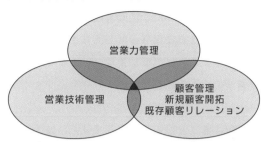

掘していくのか、既存顧客をどうやって維持していくのかといったことを中心に取り組む必要があります（**図1**）。

2　営業力管理

　営業活動に関しては、顧客ごとに状況がたいへん異なっています。そうすると、どうしても個人の経験や顧客との長年のつきあいといった属人的な側面が強調されてしまいます。その結果、個人一人ひとりの能力に負うところが大きくならざるを得ず、それが精神面をことさら重視する従来の営業活動につながったといえます。しかしながら、企業としても厳しい競争環境の中で、個人的な暗黙知を組織の成員で共有して、全社的なレベルで、できるだけ客観的かつ効率的に管理することが強く求められています。

● 営業活動の分類と組織体制

　営業活動をその内容によって分類してみましょう。分類の方法にはいくつかあります。まず地域をもとにする方法です。地域ブロック（北海道、関東、首都圏、など）で分けたり、都道府県別で分けたり、あるいはもっと大きく、国内営業と海外営業というように分けたりします。

　次の分類の方法は顧客の属性によるものです。それには、**法人営業**と**個人営業**といった分類や、**特約店営業・代理店営業**などと分けたりします。流通チャネルの性質によって、**卸営業・小売店営業**と分ける場合もあります。また、デパートなどでは、優良顧客に関しては**外商**と呼ばれる別の部署で担当するのがよく知られていますが、同じようなことはさまざまな企業でおこなわれているようです。

　最後に活動の性質や目的で分ける方法もあります。自分が担当する顧客を定期的に巡回する**ルートセールス（ルート営業）**と新規開拓営業がそれです。

　営業組織に関しては、ここで述べた営業活動の分類に従って部署が作られます。企業によっては、複数の分類方法を採用して、営業部門を組織編成している場合もあります。また、社内の営業部門を統括する営業本部などの部署を設置している企業もあります。事業部制を採用している企業では、事業部の中で、独自に営業部門を管理する場合もあります。その時は、事業部ごとに組織編成が異なっています。

● 目標設定

営業部隊の組織編成が決まったら、次には具体的な活動計画を立案することになります。そのためには、まず目標設定をおこなう必要があります。ノルマという言葉を聞いたことがあるでしょう。これは標準作業量という意味のロシア語だそうですが、日常的には、営業の売上達成目標という意味合いでよく用いられています。

目標設定は、営業部門で独自に設定することはあまりありません。ほとんどの場合は、上位的な位置づけにある、全社の売上計画やマーケティング・プランなどのもとで、それらの上位計画と整合性をとりながら決められます。なぜならば、営業活動による売上の積み重ねが、最終的には全社的な売上高を達成することにつながっていくからです。

目標設定方法は企業によって異なります。最も多いのが、①売上高によるものでしょう。それ以外に、②売上数量や③マーケット・シェア、④貢献利益率などの財務指標（9章参照）を用いる場合もあります。

● 販売計画

販売目標が決まったら、具体的な行動のための計画が必要です。そうした計画のことを販売計画といいます。これは、どのような顧客に、どのような商品を、どうやって販売するかを決めることです。具体的には売り上げ構成とそれにともなう営業活動計画ということになります。

売り上げ構成に関しては、販売目標を、①製品別、②顧客別、③エリア別などで細分化していきます。その際の仕切り価格や、プロモーション予算（販売奨励金や割戻金・リベート）などもこの時に決めます。顧客構成が決まると、具体的な日常の活動に結び付けた活動計画を作ります。具体的には、対象となる顧客別に訪問スケジュールや訪問頻度、交渉内容などを検討するわけです。

目標数値の設定に関しては、需要予測などから判断するというのが最も合理的ですが、なかなかいつもそういうわけにはいかないのが実情です。全社予算の売上高を達成するために、部門ごとの人員数によってトップダウン方式で売上目標を割り振られたり、前年度比一律 10% 増しなどというような指示が出されたりします。あるいは、会議の席上で一人ずつ売上見込の数値を申告させて積み上げ方式でおこなう場合などもあります。このあたりが、営業の最も営業らしいところといえるかもしれません。

● 業績評価

業績評価の際の指標を明確にすることは、営業員のモチベーションを向上させるので有効です。その結果、個々の営業員が予定通りの実績を上げることが、最終的には企業全体の売り上げ目標の達成につながります。そのために販売管

理システムなどを導入して、公正な評価をおこなうと同時に、営業活動全般の効率化を図る企業も増えています。これはこの章の最後で説明するSFAへの取り組みにもつながっていきます。

3 営業技術管理

営業技術管理とは営業活動の具体的な方法論、つまり個人的な営業テクニックということになります。営業力管理は組織的な取り組みでしたが、営業技術管理は営業員一人ひとりの個人的な能力アップの取り組みといえるでしょう。書店に行けば、実用書のセクションにそういったセールスのテクニックに関する書籍がたくさん並んでいますので、詳しいことはそちらに譲ることにします。本書では営業活動の基本的事項についていくつか挙げておくことにしましょう。

図2　営業活動の
　　　プロセス

● 営業活動のスタイル

営業活動のスタイルは、目的に応じてさまざまなパターンがあります。先に触れた既存客を定期的に訪問する**ルートセールス型**や、新しい顧客を開拓するための**新規開拓型**や**飛び込み型**、顧客とのつながりを深める**深耕型**などがあります。最近では、単に上司や顧客に言われるままに動くのではなく、主体的にセールスプロセスを展開していく**提案型**や、単に自社の製品やサービスを販売するだけではなく、顧客の真のニーズにこたえようとする**ソリューション営業**などが、営業効率を上げるための新しいアプローチとして注目されています。

● 営業活動のプロセス

営業活動の一般的なプロセスについてみておきましょう（**図2**）。

① 顧客の開拓

最初は、顧客の開拓です。新規顧客の開拓手法は、見込み顧客をこちらから開拓していく方法と、広告によって顧客からの問い合わせを待つ方法に分けられます。このあたりは、マーケティングのプッシュとプルによく似ていますね。既存顧客が対象の場合は、このステップは不要です。

② 提案内容の検討

顧客に購入を薦める製品やサービスについて、こちら側の条件をあらかじめ決めておきます。価格、数量、納期、値引き条件などが基本的な内容です。

③ プレゼンテーション

次に、プレゼンテーションになります。わかりやすくいえば、自社の製品・サービスの特徴を説明し、購買することの利点を顧客に納得させることといえるでしょう。その際、他社との比較（性能、価格）などを客観的におこなうこ

とが重要です。そのためには、製品に対する知識や理解をしっかり持っておく必要があります。また、対人コミュニケーション・スキルも要求されます。

こういった一連のプロセスを通じて、相手はこちらに対する信頼性や評価を決定します。こちらも先方が優良顧客か、手の掛かる顧客なのかを見きわめようとします。お互いに相手側を値踏みしていくわけですね。

④ 交渉〜契約締結

一般的に営業といえば交渉ごとというイメージですが、ここでやっと登場してきました。営業活動のプロセスの①から③を経たあとで、ようやく交渉に入れるわけですね。

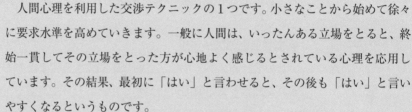

●フット・イン・ザ・ドア・テクニック

人間心理を利用した交渉テクニックの1つです。小さなことから始めて徐々に要求水準を高めていきます。一般に人間は、いったんある立場をとると、終始一貫してその立場をとった方が心地よく感じるとされている心理を応用しています。その結果、最初に「はい」と言わせると、その後も「はい」と言いやすくなるというものです。

応用例 ●「自販機でジュース買いたいのだけれど、小銭がないから100円貸して」と言っておいて、「あ、それとこないだの戦略論の講義ノート貸して」という感じです。

●ドア・イン・ザ・フェイス・テクニック

最初に高めの無理な要求を突きつけ、次にそれよりも比較的容易な要求をおこない、相手の合意を獲得する方法です。ハッタリをかますと言えばわかりやすいでしょうか。この背景には、相手が譲歩したら、こっちも譲歩しなければ悪いと感じたり、いったん断ったので罪悪感を感じてしまったりする心理が働いているとされています。

応用例 ●「今度の戦略論のレポート、俺のかわりに書いてくれよ」「そんなばかな！」「じゃあ、お昼ご飯おごって」……この例は、ちょっと図々しいですね。あまりやり過ぎると、相手が怒り出してしまうかもしれません。

交渉については、さまざまなテクニックや手法があります。ここでは、よく紹介される有名なテクニックを2つ説明しておきます。

交渉が無事すめば、あとは**契約の締結**を残すだけです。契約の締結には、営

業担当者が自分ですべておこなう場合や、社内の担当部署と連係しておこなう場合もあります。一応ここまでのステップで、営業活動の目的は達成できたと考えられますが、もうひとつステップを追加しておきましょう。

⑤ アフターケア

必要に応じて、顧客のアフターケアをおこなうのは当然のことです。それだけではなく、将来のビジネスに繋がる可能性もあるので、なおさら重要です。通常は、担当した営業員が、会社を代表して顧客との窓口になる場合が多いようです。それは、販売にいたるまでのプロセスで顧客と接する機会が多いため、販売後も引き続き窓口として顧客に接する方が効率的だからでしょう。ただし、業界や企業によっては、コールセンターやお客様相談部などと呼ばれる専門の顧客相談窓口を別途設置する場合もあります。

4 顧客管理

● 営業活動の意義

最後にもう少し別の視点から営業活動を見てみることにしましょう。そうすると、企業経営における営業活動の意義があきらかになります。

営業活動は、社内の業務プロセスで見ると、いちばん顧客よりに位置づけられています（**図3**）。これはつまり、社外のニーズをくみ取って、社内にフィードバックする一方で、自社の生産能力から可能となるレベルの製品提供能力にもとづいて、顧客のニーズを満たしているわけです。場合によっては、売れ筋の製品と在庫品の割合を調整して顧客と交渉することなども必要となるかもしれません。営業活動は、いわば、社外の需要と社内の供給の調整弁のような役割を果たしているともいえるでしょう。異なった見方をすると、営業活動は対社外的、対社内的なインタフェースの側面があることがわかります。

顧客管理に関しては、①新規顧客開拓、②既存顧客との関係維持、につきる

図3　業務プロセスにおける営業活動の位置づけ

研究開発　　生産部門　　マーケティング　　営業活動

でしょう。顧客と接触する部署として、これまでは基本的には営業部門が中心的な役割を果たしてきました。今日では、**CRM**（Customer Relationship Management）という概念が提唱され、経営戦略やマーケティングの中で全社的なレベルで顧客を念頭に置いての取り組みが盛んになっています。CRMとは、日本語では顧客関係管理と呼び、顧客のロイヤリティを高め、自社の収益性向上に結びつけようとする経営手法です。ただし、CRM的発想では、新規顧客開拓よりも既存顧客維持の方を優先させるなど、従来の日本的営業活動のあり方とは相容れない側面もあるので、そのあたりは注意が必要でしょう。

5 営業活動の革新—SFA

21世紀に入って、日本の企業慣行はグローバル化の影響を受けて大きく変わりました。それと並行して、情報技術に業務革新の重要性が叫ばれました。そうした流れの中で、顧客にべったりと張り付いた、従来の営業活動のスタイルは時代遅れであるとの指摘がなされました。営業活動の中核となる顧客とのコミュニケーションは、Webや電子メールで代用できるので、今後は営業部門が不要になるとまでいわれた時期がありました。

さすがにこれは極端にしても、営業活動のさまざまな業務を、情報技術を用いて効率化する取り組みは広くおこなわれてきています。こうした取り組みのことを、セールスフォース・オートメーション（**SFA**：Sales Force Automation）といいます。モバイル機器や携帯電話のGPS機能などを用いて、従来の営業活動を革新し、営業プロセスのオートメーション化を目指したものです。

SFAを導入することによって、訪問先に関する情報を収集したり、商談で用いる資料を出先で取り出したり、オフィスに立ち寄ることなく商談の進捗状況

コラム　セールスマン vs セールスウーマン

営業といえば営業マンやセールスマンという呼び方が馴染みがあると思います。これは、雇用機会均等法ができるまでは、一般的な傾向として、男性が営業で社外を出歩き、女性が会社の中（内勤）で営業事務職として営業マンをサポートするという役割分担が多かったころの名残でしょう。

営業事務職としての職務内容は、顧客へ提出する書類の作成や営業関連のデータを作成したり、営業マンへの連絡やその取り次ぎをメイン業務としていました。しかし最近では、多くの女性が営業職に進出しているので、状況はかなり変化しています。呼び方も、営業マン/セールスマンだけではなくて、場面に応じて営業ウーマン/セールスウーマン、あるいは、まとめて営業員や販売員などを使い分ける必要があるでしょう。

をチェックしたりできるようになります。GPS機能や乗り換え経路検索機能を使えば、初めての訪問先であっても効率よく移動でき、時間を有効に活用できます。また、顧客からの問い合わせに対して、最寄りの営業員を探して客先に向かわせている会社もあります。そうした結果、これまでは属人的な活動であった営業活動を、全社的に効率的に管理することが可能となります。

　その反面、営業員に対する会社の管理が強くなりすぎる側面もあります。昔は営業というと、きついけれども自由がある仕事というイメージもありました。あまり大きな声では言えませんが、顧客訪問のアポイントメントの関係でぽっかりと空いてしまった時間などに、喫茶店でお茶を飲んだり（仮眠を取ったり）、映画を見たりして時間を調整することができたそうです。でも自分の居場所を会社が把握できるようになると、そういったことは古き良き時代の話となるのでしょう。営業活動の革新については今後の動向が注目されます。

課題

この章のテーマをさらに深めるために

自分が将来就職してみたい企業を3社選んでください。それぞれの会社のホームページを見て、その会社の営業部門がどのような組織編成を取っているかを調べてみましょう。また、その会社の営業戦略や営業方針を調べてみてください。今後の就職活動に活用できるかもしれませんよ。

　営業に配属されたら大変そうだと聞いていたけれど、そもそも企業活動の基本でもあるわけだし、やってみたら結構面白そうだな。
　それよりもまず、ちゃんと卒業できなきゃあな。今度の試験で超シビアだと評判の必修科目の単位が取れるかどうかが分かれ目だな。でも、前期はバイトばっかり行ってたのであんまり出席してないんだよなぁ。あああ、誰かにノート借りなきゃ……営業トークの練習のつもりで頼んでみるか。その後のシンゴくんは p.152

第 8 章

ビジネスパーソンの必須スキル —— 意思決定

ぼくは商学部の1年生。つらい受験勉強は終わったし、初めての彼女はできたし、大学生活っていいなあ。だけど、ひとつだけ心配なことがある。ぼくは彼女と一緒にいられれば何をしていても楽しいんだけど、彼女はどうやら目的をはっきりさせたいタイプみたいで……。

ユタカくん（1年生）

ねえ。今度のデート何しようか？　映画でも観る？

うーん、そうだなあ

それとも、カラオケでも行く？

うーん、それもいいなあ

なんか、美味しいものでも食べに行く？

うーん、どうしようか？

あなたって、本当に優柔不断ね。もう、知らない！

ぼくって、優柔不断なのか。どうすればいいんだろう？
先生、大学で学ぶことで、こんな身の回りのことに役に立つ勉強ってないですか？　そんなのがあったらぜひ教えてください。

1 意思決定とはなんだろう

　私たちの生活は一日中意思決定の連続です。朝起きたらどの服を着ようかとか、お昼に何を食べようかとか、いろいろありますね。まさか、次の講義をさぼって映画を見に行こうかなんて考えている人は、いないでしょうね？

　そう考えると、私たちの人生は意思決定の連続です。内定を複数の企業からもらえたらどの企業に就職しようか、今付き合っている恋人と結婚すべきかどうか、ローンを組んでマイホームを購入すべきか、など人生の節目節目には、大きな意思決定が待っています。

　そもそも、ビジネス活動は、意思決定の連続であるといわれます。会社での業務内容をつきつめて考えてみると、具体的な行動をするための決定をおこなうことにほかならないからです。

　ですから、意思決定能力はできるビジネスパーソンとして成功するための、必須スキルだといわれています。ぜひ皆さんにも学生のうちに身につけておいてもらいたいと思います。この章では、そういった意思決定について、基本的なことがらを学んでいきましょう。

図1　意思決定とは

情報
（インプット）

意思決定

行動
（アウトプット）

意思決定とはなんでしょうか。どうすればこのスキルを身につけることができるのでしょうか。そのためには、まず、定義から押さえておきましょう。

意思決定とは

定義

　意思決定とは、必要なデータを収集・加工して得られた情報を用いて、当面する状況に対する対策を構築するプロセスのことです。

2 データと情報の違い

　まず、データと情報について説明しておきたいと思います。データや情報と聞くと、いまさらとお感じになるかもしれません。でも、よくわかっているつもりのことが、実は曖昧であるということがよくあります。

　「データ」は英語では data ですが、これは datum の複数形であり、「与えられたもの」という意味のラテン語の単語が語源となっています。通常、われわれが日本語を使う中では、名詞の単数・複数の違いをあまり意識しないものですね。

一方の「情報」ですが、こちらの英語は information で、その語源は「形を与える」という意味のラテン語 informare です。英語では information は不可算名詞ということで、常に単数形です。ちなみに日本語の中で「情報」という言葉が使われるようになったのは、森鷗外が明治 36 年（1903）に発行したクラウゼヴィッツの『戦争論』の翻訳本の中で最初に使ってからという説が広く流れていました。最新の調査では、実際にはそれよりももっと早く、明治 9 年（1876）ごろから使われていたそうです。

　ところで、われわれは日常生活の中で、データと情報について両者をとくに区別せずに用いていますが、厳密にいえば同じものではありません。データと情報の区別を正しく理解しておくことは、意思決定をおこなう上ではきわめて重要です。では、この両者の違いはどういった点にあるのでしょうか？

　学問的にはデータと情報の違いは、次のようになります。まず「データ」とは人間が利用できるメッセージ全般のことを意味しており、特定の問題や状況のみに必ずしも関連するものではないとされています。もう一方の「情報」ですが、こちらは意思決定をおこなう人間が、直面する特定の問題や状況に関連するものとして、評価・選択したデータであるとされています。

　例えば、市場における新しい販売戦略を検討しているときのことを考えてみましょう。その場合、世界各国の人口や国別 GDP の額などは、いくら正確なものが収集されたとしても、当面の意思決定に関して直接的な関連性がきわめて低い「データ」であるといえます。その反面、業界内の競合他社の最近の動向や過去の活動実績などについてのメッセージは、きわめて貴重な「情報」であるといえます。

　このように、「データ」とは、人間が直面する問題の中で評価し、必要なものを選択して初めて「情報」として意思決定に用いることができるようになります。データはそのままではいくら多く集めても、意思決定にはあまり役に立たないものとなってしまいます。

　ところが実際には、データと情報を意識して区別することをせず、多くのデータを収集しただけなのにもかかわらず、情報を収集できたと安心してしまうことがよく起こります。このような状況のことを、"data rich but informa-

最近では、インターネットの普及によってデータや情報の収集が簡単にできるようになっています。両者の使い分けについては注意が必要です。これからは意識して使うようにしてみてください。

図2　データと情報

| データ | ● 未評価の客観的事実
● 情報の要素 | 情　報 | ● 特定の状況における評価済みのデータ
● 意思決定に使われる |

tion poor"といったりします。「データは豊富にあるにもかかわらず、実際に必要とされている情報は乏しい」といったような意味合いですね。日常生活においては、「情報」「データ」の使い方が曖昧で、両者を混同して使うことが多いため、こういったことが起こりがちなので、注意が必要です。

3 意思決定のプロセス

● サイモンの意思決定の3段階

人が意思決定を下す場合、どのような順番でおこなわれるのでしょうか。意思決定が下されるプロセスについて理解をしておくことは重要です。1978年にノーベル経済学賞を受賞したハーバート・サイモンは、意思決定のプロセスを3段階に分けて説明しています。

①まず最初に問題認識と情報収集です。直面する問題を認識し、その重要性や影響度合いの判断などをおこないます。情報収集という意味でのインテリジェンスという単語をサイモンは用いています。

②次に来るのが、代替案の設計です。直面する問題に対して、取り巻く状況などを考慮・分析しながら、その時点で可能な行動（代替案）を発見し、設計することです。またその代替案をとったときの結果の分析もおこないます。

③最後に、②で設計した代替案の評価と選択をおこないます。設計された代替案をいろいろな角度から比較検討した上で、有効なものを選択するわけです。

理屈の上では、考えうる限りの代替案を設計できればいいのですが、現実的には、時間の制約などの関係でなかなか理想通りにできないことも多いのです。

● 意思決定の内容による分類

意思決定に関して、もうひとつ別の重要な側面は、意思決定の内容による分類です。意思決定の内容は、状況によりさまざまでしょうが、その性質により、①定型的意思決定、②非定型的意思決定の2つに分類されます。

まず、定型的意思決定です。これは同じような状況が繰り返される中でおこなわれる、反復的な出来事に対する意思決定です。基本的には、改めて処理する必要がないくらい、明確な手続きが決まっているような意思決定であるといえます。いったん対処方法がわかってしまえば、あとはヘマをしなければ大丈夫であるといえるかもしれません。

次の非定型的意思決定とは、これまでに先例のない新奇な内容についての意思決定をするものです。つまり、想定外の出来事に対する意思決定です。問題を取り巻く状況は複雑で明確ではありません。そのため、対処方法や決まった手続きというものはあまり期待できません。そのつど、自分で考え出さなけれ

図3　サイモンの意思決定の3段階

①問題認識
問題を把握し
状況に関する
情報を収集する

②設　計
当面の状況下で
可能となる複数の
代替案を設計する

③選　択
代替案を評価して、
決定を下す

ばなりません。そのわりに、何度も繰り返し発生するケースはまれです。したがって、手間暇がかかるわりには元が取れないといえるかもしれません。

● **意思決定を取り巻く状況について**

さらに、意思決定を取り巻く状況についての理解も必要です。

われわれの生活の中では、リスクという言葉がよく使われます。一般にリスクといえば、危険という意味で受け取られます。しかしながら、意思決定について考える場合には、リスクという言葉の意味合いは、日常会話の中で使われるリスクとは少々異なります。意思決定におけるリスクとは、起こりうるケースの確率がわかっている状態のことを指します。

起こりうるケースが確定的にわかっている場合は、確実性といいます。起こりうるケースはわかっているが、その起こる確率がわからない場合は、不確実性といいます。何が起こるかまったく想像もつかない状態の場合は無知になります。図4にまとめておきましたので、よく見ておいてください。

確実性の場合における意思決定は比較的簡単です。灯りのスイッチを入れれば点灯するように、すべての結果は意思決定の内容により確定的に決まります。

ビジネスの場合では、不確実な場合には、そのまま意思決定をすることはあまりありません。マーケット・リサーチをおこなったり、専門家の意見を参考にしたりして、少しでも情報を得ようとします。これは当面する状況についての情報を収集し、起こりうるケースについての確率を得ようとしているわけです。その結果、不確実性のもとでの意思決定からリスクのもとでの意思決定に移行することになります。

このようにみてみると、われわれにとって最も関心のあるビジネスにおける意思決定の多くはリスク下における意思決定で、それに不確実な状況における

図4　意思決定をとりまく状況

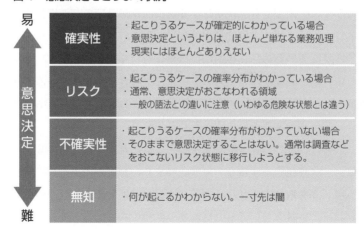

意思決定が加わっているといえるでしょう。それぞれの状況下における意思決定をおこなう上での基本となる原理があります。以下のセクションではそれぞれの意思決定原理について説明します。

4　意思決定の基本原理

● リスク下での意思決定原理

リスクの場合の意思決定原理として次のようなものがよく知られています。

> ●期待値原理　　　　　●最尤未来原理
> ●欲求水準原理　　　　●期待値・分散原理

もっとも一般的なのが、最初の期待値原理です。これは起こりうる現象の結果の期待値（ペイオフ（payoff）もしくは利得という）を計算して意思決定をおこなおうというものです。

最尤未来原理は、未来で最も起こる確率が高いことがらだけを考えて、それ以外のケースは無視してしまおうとするものです。これが用いられるのは、繰り返しがない意思決定の場合で、1つのケースが起こる確率が他のケースが起こる確率をだんぜん引き離しており、かつペイオフの違いはあまり大きくないような場合です。

欲求水準原理は、自分が達成したい希望水準をもとにして、それ以上になる確率が最も大きいものを選択します。期待値・分散原理は、単純な期待値だけでは不十分なので、ペイオフの分散値も考慮に入れようとするものです。

● 不確実性の場合の意思決定原理

不確実性の場合の意思決定原理には次のようなものがあります。

> ●ラプラスの原理　●マクシミン原理　●マクシマックス原理
> ●ハーヴィッツの原理　●ミニマックス後悔原理

ラプラスの原理は、一見すると、なんだかとっても高尚でむつかしそうな感じがすると思います。しかしその中身は、大雑把なちょっと肩の力の抜けるような「原理」です。それは、状況についてよくわからないので、すべての確率を同じであると想定しようというものです。なんだか人間味溢れる原理だと思いませんか？

マクシミン原理とマクシマックス原理はまったく正反対の考え方です。前者は悲観的な考え方をします。最悪の事態を想定してその中で最もペイオフが大きい代替案を選択しようとするものです。後者は、楽観的な考え方です。最善

の状況を想定しその中で最もペイオフが大きい代替案を選択します。

　ハーヴィッツの原理は、マクシミンとマクシマックスを折衷したものです。楽観度合いと悲観度合いの確率を決めて、それによって2つのペイオフを計算します。

　ミニマックス後悔原理とは、後から考えてああすればよかったこうすればよかったという後悔の念に注目し、それができるだけ少なくなるように選択肢を決める方法です。「後悔先に立たず」という言葉がありますが、まさにそういった感じです。

● 意思決定原理の選び方

　では、実際の意思決定をおこなう場合には、それぞれの意思決定原理の中からどの原理を選択すればいいのでしょうか？　実は、選択原理の選び方については、とくに答えはありません。これまでの経験や、まわりの状況、自分の好みなどから判断して、選択しなければなりません。このあたりが意思決定のおもしろさといえるでしょう。

5　意思決定を良くするために

● ペイオフ表とデシジョンツリー

　意思決定の際に、複雑な状況を整理して、一瞥できるようにすることも重要なポイントです。そのためのツールがペイオフ表です（図5）。ペイオフ表では、縦軸に意思決定の代替案を列記し、横軸に起こりうる状況をあげておきます。そして、それぞれの組合せの時に得られる結果を表の中に書きます。これは、それぞれの代替案をとったときに、状況の変化によって得られる利得です。基本的には、できるだけ利得が大きくなるような意思決定を下すことになります。

　同じようなものにデシジョンツリーというものもあります。デシジョンツリーとは、意思決定が取りうる代替案と、それぞれの結果を、ちょうど木が枝分かれするように表現しています（図6）。

図5　ペイオフ表

	好景気	不景気
プロジェクトA	+100	−50
プロジェクトB	+80	−30

図6　デシジョンツリー

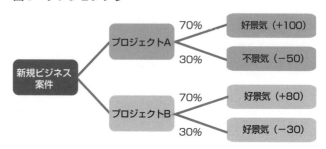

デシジョンツリーの分岐の箇所は２種類あります。自分が決定することによって枝を選べる分岐と、相手や取り巻く状況の変化によって、自分は決められない分岐です。そういうところでは、どちらが起こるかという確率を用います。図の場合だと、景気が良くなる確率が70％、不景気になる確率が30％と想定しています。そして、枝の終わりのところには、それぞれの場合のペイオフ（利得）が記入されています。

いずれのツールも、このように、選択肢と状況の組合せと、それぞれの場合の結果に伴うペイオフが一目でわかるように整理されています。これによって、もれなく検討できるというわけです。

● コントロール

最後に、意思決定をおこなう上で重要なことは、コントロールという概念です。自分がコントロールできることがらとそうでないものについて区別しておかなくてはいけません（**図7**）。

図7　コントロールについて

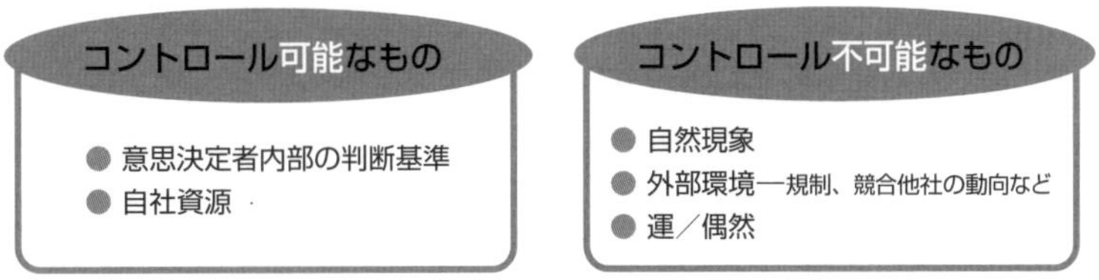

コントロール可能なもの	コントロール不可能なもの
● 意思決定者内部の判断基準 ● 自社資源	● 自然現象 ● 外部環境―規制、競合他社の動向など ● 運／偶然

デシジョンツリーのところでも出てきましたが、自分で枝を選べない状況があります。例えば景気の動向は自分ではまったくどうすることもできません。あるいは、自然現象などもそうです。そういったところは、意思決定に際してコントロールができないということになります。自分が関与できないようなものについて、あれこれ悩むのは、時間の無駄であるといえます。

一方、自分がコントロールできることの中には、判断基準も入っています。これは、状況の変化に応じて意地を張らずに柔軟に対処するということにつながります。いったん下した意思決定を覆すのは、場合によっては、なかなか難しいことです。企業なども、いったん進出を決めた事業からは、いくらその事業の採算性が悪化しても、なかなか撤退できなかったりするようです。しかしながら、コントロールという観点からみれば、むつかしくても不可能ではないといえます。

● 意思決定の善し悪しとは

ところで意思決定の良し悪しは、どのようにして見分けるのでしょうか？

その際には、意思決定による「結果」とともに意思決定そのものの「質」についても注目する必要があります。しかしながら、われわれは多くの場合「結

図8　意思決定の善し悪し

	いい結果	悪い結果
いい意思決定	理想的な状況	アンラッキー
悪い意思決定	まぐれ当たり	当然の報い

果」の方ばかりに目がいきがちです。そして「結果」がよければそれでいいという、「結果オーライ」の状態で満足してしまっている場合がよくあります。

　こうした背景には、ビジネスでは仕事の結果が出るまでに、さまざまな要因が複雑に絡み合っているという事情があります。つまり、いい意思決定をしても必ずしもいい結果が出るとは限らないわけです。現実には成功した場合でも「運」が絡んでたまたまうまくいったという場合もあります。

　また、ビジネスでの意思決定は、理科の実験のように同じ状況を何度も繰り返すといった性質のものではありません。多くの場合、意思決定を取り巻く状況は、その時々で異なっています。その結果、ビジネス上の意思決定は一過性が強く再現性が低くなっていることも、意思決定の「質」よりも「結果」を重視する背景にあるのかもしれません。

　しかしながら、「結果」のみで判断していてはいつまでたっても意思決定の「質」はよくなりません。「結果オーライ」や「運も実力のうち」といっている間は、その人の意思決定についての考え方は、いまだレベルが低いといわざるをえないでしょう（**図8**）。

● バイアスの排除

　合理的に考えて判断しているつもりでも、現実にはそうなっていないことはよくあります。むしろ現実の意思決定においては、一見すると非合理的な意思決定が下されることがしばしばあります。意思決定の内容をゆがめる働きのことをバイアスと呼びます。意思決定の質を高めるための重要な要素の1つに、バイアスを排除することがあります。

　バイアスについての研究は、近年では行動経済学や行動ファイナンスとして知られるようになってきました。そこでは、私たちの心理的な側面が影響して発生するバイアスを対象とした研究がおこなわれています。

コラム　意思決定の「思」に注意

　「意思決定」であって、「意志決定」ではありませんので要注意です。古い文献などでは「意志決定」も用いられていますので、間違いとはいえないのかもしれませんが、この章で述べた内容の学問領域では、「意思決定」を用いるのが「正しい」ということで定

着しているようです。「あーややこしい。たかが漢字1個のことで」と思うでしょうが、こういうことって結構大事だったりします。マーケティングのことをマーケティングというとちょっと恥ずかしいとか、まあ大したことではないかもしれませんが……。

　リスクを伴う状況での意思決定がどのようにおこなわれるかについての理論であるプロスペクト理論がよく知られています。これは、同じ人であっても、意思決定を下す判断基準が、損をする場合と得をする場合によって異なってしまう現象を説明しています。それ以外にも、問題が表現される方法によって判断が異なってくるフレーミング効果や、最初に提示された情報によって判断が影響を受けるアンカリング効果など、心理的な影響によって、意思決定にバイアスが入り込んでしまう状況はたくさんあります。下の課題にクイズを出しておきましたので考えてみてください。

課 題

この章のテーマをさらに深めるために

質問1　次の2つの選択肢が提示されています。あなたはどちらを選択しますか？

A：無条件で100万円もらえる。

B：さいころを振って、偶数であれば200万円もらえるが、奇数であれば何ももらえない。

質問2　次の2つの選択肢が提示されています。あなたはどちらを選択しますか？

A：無条件で100万円払う。

B：さいころを振って、偶数であれば200万円払わないといけないが、奇数であれば何も払わなくてもよい。

質問1と質問2であなたの選択肢は変化しましたか？

もし変化したならば、その理由はなぜですか？

　意思決定の講義で、先生は自分の結婚についての体験談をしてくれた。その時付き合っていた彼女と結婚しないと一生後悔すると思って、プロポーズしたのが今の奥さんだって。なるほどなあ、そういう考え方もあるのか。

　大学で学ぶ内容って、けっこう日常生活にも使えるんだな。でも、そんなことをわざわざペイオフテーブルを作って、ミニマックス後悔原理だなどと大まじめな顔して講義するなんて、大学の先生になる人って、やっぱ少し変わってる？

その後のユタカくんは p.153

第9章 お金の管理全般を引き受けます ── 会計

私は、親元から大学に通っています。将来は、やはり結婚したい気もするけど、仕事もばりばりやってみたい気がする。今、恋人募集中です。

今日は会計の授業があるのだけれど、会計ってなんか地味でパッとしない感じだし、講義中は眠くてちょっと退屈。でも、この講義は必修で出席を取るので、サボるわけにもいかないし、ちょっと困ります。

でも実をいうと私は会計学ってけっこう好きだったりします。数学的には、数字を足したり引いたりといったレベルだから、実際のところ見た目ほど難しくないのがわかってきたし、数字の裏側にある流れみたいなものが少し見えるような気がしたりするのです。もしかして私って、生まれつき会計のセンスがあるのかな？会計士の資格でも狙ってみようかな？

エリコさん（2年生）

ねえ、エリコ、知ってる？

あ、サユリ。何？

1年のとき、語学で同じクラスだった樫山くん、覚えてる？

あ、あのおとなしそうな子？　その樫山くんがどうしたの？

こないだ公認会計士の試験に受かったんだって。最年少記録らしいよ。それでうちの大学のパンフレットとかに載りまくっているんだって

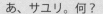

へえ、うちの大学にそんな優秀な子がいたんだあ！

　私たちの身体には、血液が全身をめぐって流れています。それと同じように、企業がビジネス活動を展開していく場合にも、さまざまなものが流れています。その中で最も重要なものが資金（お金）の流れです。資金は、ヒト・モノ・カネといわれる経営資源の１つです。

　本章で学ぶ会計学は、このお金の流れを管理することを目的としています。お金の出入りをきっちりと管理し、企業の経済的な状況の分析をおこない、経営者が企業を経営する上での指針を提供します。また、投資家や株主、債権者といった社外の利害関係者に対して、経済的な情報を提供する役割も果たしています。

1 会計（学）の目的

　会計の歴史は古く古代エジプトやローマ時代にさかのぼります。当時の支配者層であった、王侯や貴族の財産を管理することを目的として、今日でいう会計行為がおこなわれていたといいます。その後、商業の発達にともなって、複式簿記という方法が、ルネッサンス期のベネチアで編み出されました。この複式簿記という方法は、今日の簿記の原型になっています。

　それでは、現代の会計についてその概要を押さえておきましょう。私たちが対象としている企業は、営利企業です。営利企業とは、営利を目的として活動している組織です。したがって、どのくらい儲かっているのかということを知る必要があります。

　会社が、現在どのくらいの売上を上げているのか、そのために事業資金としてどのくらいのお金を使っているのか、会社のお金の状態を常に監視する必要があります。また借入金やその利子をちゃんと支払っているか、逆に、こちらから相手に対してお金を貸し出している状況について、正確に把握しておくことも重要です。

図1　会計の役割

お金の流れの管理・監視

　また、企業は事業活動をおこなう際に、１年ごとに予算を定めていますが、その予算通りにお金を使っているかどうかというようなことも、監視しておく必要があります。

　さらに、会社は社会的存在ですので、法律によって税金を納税する義務があります。そのため、税務署に対して、必要とされる書類を提出するための準備をしておかなければなりません。このように、企業の会計活動にはさまざまな目的があります。

　ここでは、会計の目的について次のように定義しておきます。

会計の目的とは

会計の目的とは、企業における活動に際して発生した、金銭的な状態の変化を、一定の方法に従って継続的に記録・保管することです。そしてそれによって、会社の内外に対して、その会社の経済的な状況に関する情報を提供できるようにしておくことです。

2 2種類の会計——管理会計と財務会計

企業における会計の目的については理解できたと思いますので、次に会計が果たす2つの役割について見ていきたいと思います。

1つ目の役割は、経営者に対して会社の財務状況を知らせるという役割です。これを管理会計といいます。経営者は経営判断をする際の判断基準として、自社のお金に関する状況を知っておくことが重要です。気がついたら倒産していたというのでは、経営者として失格になってしまいます。そうならないためにも、つねに自社の状況をチェックしておく必要があります。そのことによって初めて、経営者としての仕事を遂行することができます。管理会計では、自社内で使いやすい切り口から、ある程度自分で好きなように会計情報を収集することになります。ですから、管理会計は、企業が目的を持って自発的におこなう行為であるといえます。

もう1つの役割が、社外の利害関係者（ステークホルダーともいいます）に対する情報提供です。社外の利害関係者とは、投資家（株主）、債権者、税務当局、取引先といった人々です。こうした人々に対して、企業の業績を正確に公表する義務があります。こちらの場合は、おこなうことが義務づけられている行為であるといえます。これを、財務会計と呼びます。財務会計は、会社法や法人税法といった法律や会計基準のような慣行的な体系によって定められています。外部に発表する内容になるので、企業が好き勝手にはできません。とく

図2　2つの会計

に決まりはありませんが、社会通念上認められているルールに従う必要があります。これを「一般的に認められた会計原則」と呼びます。

3 管理会計の詳細

管理会計とは、企業の経営者が、自社の経済状況を知るためにおこなうものでした。会計学で少し専門的になると、意思決定会計と業績管理会計という内容にわけて整理されますが、本書では、その中の業績管理に絞ってお話をしましょう。

● 予算管理

企業は部門・事業部ごとや、製品ごとに、次年度の達成目標を設定します。その中で、予想売上高や、それに伴って必要となる原材料費や人件費、事業活動費などを計上します。活動計画をもとに通常1年ごとに事業計画を立てて、必要とされるお金の計画を立てます。基本的には、この計画（予算）に従って行動し、お金を支出することになっています。これが予算管理です。

しかしながら現実はなかなか計画通りにはいきません。思いがけずお金を使ってしまったり、思ったほど売上が伸びないといった状況が発生します（実績）。ですから、その違い（差異）を調整しながら、日々のビジネス活動を展開することになります。これが、予実管理と呼ばれる内容です。予算と実績から予実管理となるわけですね。

1年が終わりに近づくと、今年度の予実の差異を踏まえて、次年度の予算編成をおこないます。このようにして、現実の状況を反映させて、経営活動を継続していくわけです。

もっとも、毎日こんなことだけをおこなっていては、本業ができなくなってしまいます。かといって、1年の終わりにまとめておこなって、あまりにも差異が大きいとこれまたどうしようもありません。したがって、通常は毎月（月次）処理をおこなって、ひと月ごとに予実の差異を管理するのが一般的です。年間の資金計画よりも毎月に分けておいた方が、より細かい管理ができますからね。もう少し長く取って、四半期（3か月）ごとの場合もあります。

● 原価管理

製品ごとに原価を計算し管理することは、事業の採算性、収益性といった観点から、非常に大切です。そのために、製品ごとに個別に原価計算をおこない、その結果を受けて、原価をできるだけ削減するように努力します。それによって、会社全体の収益性の向上を目指します。

売上高は販売量と販売価格から計算できます。一般的にいって、価格が高くなると、販売量は減る傾向にあります。したがって、売る側には、販売量を増やすためには、できるだけ販売価格を下げたいという動機が存在します。しかし、あまり販売価格を下げてしまうと、今度は収益性が下がってしまいます。

つまりあまり儲からなくなってしまうわけですね。最悪の場合、採算割れしてしまうかもしれません。そうならないためには、原価を削減することが必要になってきます。そのためには、損益分岐点を押さえておくことが重要です。

損益分岐点<ruby>損益分岐点<rt>そんえきぶんきてん</rt></ruby>とは、収益（売上）と費用（原価や経費など）が同じ額で、利益（儲け）がゼロの状態です。別の言い方をすれば、損益分岐点での売上量は、会社が赤字にならないための最低限の売上量といえます。また、損益分岐点を考えることは、どれだけの売上数量をあげなければならないかという目標を示しているといえます。それは、企業の活動方針そのものに直接関係しています。

損益分岐点を考えるためには、原価の中にある、変動費と固定費という2種類の要素を理解しておく必要があります。本書では詳しい説明を省きますが、**図3**をよく見ておいてください。

その他、内部監査と呼ばれる業務のための準備をおこなう場合もあります。<ruby>内部監査<rt>ないぶかんさ</rt></ruby>とは、特定の取引先業者と<ruby>癒着<rt>ゆちゃく</rt></ruby>してお金が不正に使われていないか、などをチェックするためにおこなわれます。業務活動の全般にわたって、総合的な経営管理の視点から、会計、財務、生産、販売、購買などの業務活動の妥当性や合理性などに対するチェックをおこないます。

このように、管理会計は、経営を支える重要な役割を果たしていることがわかりますね。企業経営にとって必要なデータを収集し分析をおこない、経営者（管理者）が経営判断に用いるわけです。その際に、過去のデータを統計的に処理して予測値を取ってみたり、比例配分で活動費用を事業部ごとに割り振ったりと、さまざまな工夫がなされています。

図3　損益分岐点

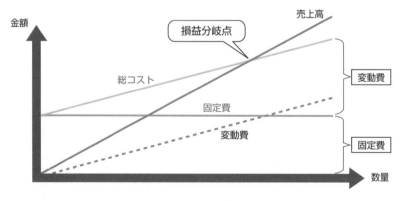

4　財務会計の詳細

財務会計とは、社外の利害関係者に対する情報提供がその主な目的です。情

報提供の手段となるのが**財務諸表**です。財務会計では、さまざまな決まりや手続きに従って、これら財務諸表を作成するわけです。財務諸表の中でも、とくに①貸借対照表、②損益計算書、③キャッシュフロー計算書の3つが必須です。

図4 財務諸表の種類

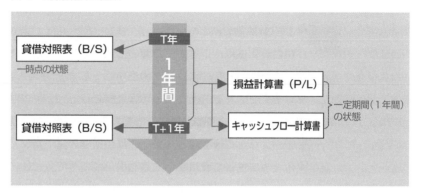

● 貸借対照表（B/S）

貸借対照表とは、ある一時点における企業のすべての資産（左側）とすべての資本（右側）を一覧表として一目で見られるようにしたものです。これは別名バランスシートといいます。なぜバランスシートというかといえば、1枚の表を作成するわけですが、その時に右側の合計と左側の合計が必ず一致（バランス）しているからです。バランスしている表（シート）なので、バランスシートですね。あるいは頭文字をとってB/Sともいいます。

資産の主なものは、流動資産と固定資産です。流動資産は、現金や預金、売り掛け金、製品といったもので、通常は1年以内に現金化ができるものが含まれます。固定資産には、土地や家屋・工場といった有形固定資産、特許権・著作権、のれん代といった無形固定資産があります。

右側の資本は、他人の資本である負債と自分の資本である純資産の2つから構成されています。負債も**流動負債**と**固定負債**に分かれます。

流動負債は、通常は1年以内に返済が必用となる債務で、支払い手形や買掛金、短期借入金や未払い費用（借金）などがあります。よく「手形が落ちない」などといいますが、これは、返済期日に現金が足りなくて、手形の借金を返済できない状態です。固定負債は、返却期日が1年以上先の負債です。社債や長期借入金、退職給付引当金などがあります。

もう1つの資本が純資産です。自己資本あるいは株主資本ともいいます。純資産は、資本金に属するものと、剰余金に属するものとに分けることができます。純資産は、基本的には返却する必要がないため、企業にとっては安心できる資金源です（株主に対しては配当が必要になる場合もある）。

図5 貸借対照表（B/S）の構成

資産	流動資産	資本	負債	流動負債
				固定負債
	固定資産		純資産	資本金
	繰延資産			剰余金

● 損益計算書（P/L）

　損益計算書は、企業が１年間の活動を通じてどれだけ利「益」をあげることができたか、あるいは、「損」失を出してしまったかが一目でわかるようになっています。これをP/Lと書くのは、Profit and Loss の略です。損失（Loss）と利益（Profit）の順番が逆になっているのは、気にしないでおきましょう。

　損益計算書の構造は、一番上にその期間の売上高を示し、その売上高を達成するために使った費用を順次差し引いていって、最後に利益が残るという形になっています。米国の企業では業績管理の際に、トップライン、ボトムラインという言葉が用いられる場合がありますが、それぞれ、売上高と利益（もしくは損失）を指しています。

　ただし、いきなり利益まで計算するのではなく、途中で段階を追って計算していきます。まず最初に、営業損益の計算をおこない、営業利益が出ます。

　次に、営業利益からスタートして、営業外の収益と費用を計算します（経常損益計算）。これで経常利益がわかるようになりました。経常利益は「ケイツネ」と呼ばれることもあるので覚えておいてください。

図6 損益計算書（P/L）の構成

トップライン

売上高
　● 売上原価
　● 販売管理費

営業利益
　● 営業外収益
　● 営業外費用

経常利益
　● 特別利益
　● 特別損失

税引前当期利益
　● 法人税

当期利益

ボトムライン

　そこから特別利益と特別損失を計算すると、税引前当期利益が出ます。この金額をもとにして法人税を算出し支払った後に、ようやく当期利益にたどり着きます。

　こうした段階を踏むのには、当然理由があります。営業利益からは、企業の通常のビジネス活動の成果を判断することができます。売上高が減っていないか、人件費が嵩んでコスト構造が悪化していないかなどがわかるわけです。

　経常利益には、主にその企業の財務体質が反映されます。借入金が増えますと支払利息の増加などによって、経常利益が減少してしまいます。通常は、ここまでで企業の経営状況がわかります。それ以外の何か特別な事情、災害とか大事故とかが起こった場合には、特別利益・損失に現れます。

● キャッシュフロー計算書（C/S）

　キャッシュフロー計算書は、アメリカ合衆国やイギリスなどの欧米諸国での制度化の動きを受けて、日本では、国際会計基準の一元化の流れの中で、1999年４月以降の活動について作成が義務づけられました。貸借対照表と損益計算書に次ぐ第３の財務諸表としての位置づけにあります。

　わりと古風なネーミングの用語が多い会計にあってこれだけがカタカナで
ちょっとしゃれた雰囲気ですが、それはこの財務諸表が正式メンバーとして扱
われるようになったのが比較的最近のことだからかもしれません。いわば財務
諸表のニューフェースですね。キャッシュフロー・ステートメント（計算書）
から、C/S という略号が使われています。

　キャッシュフロー計算書の作成目的は、損益計算書とは別の観点から企業の
資金状況を開示することです。具体的には、企業の通常業務（オペレーション）
から、どのくらい現金を生み出しているのかということや、債務や配当への支
払い能力はあるかといったことに関する情報を提供します。

　いくら損益計算書で売上や利益が上がっていても、売掛債権が回収できない
と、会社は立ちいかなくなってしまいます。あるいは、買掛金の決済資金が足
りなくなると、取引先に迷惑をかけるだけではなく、会社も倒産してしまう場
合もありえます。これがいわゆる「黒字倒産」です。

　そうした場合、かつての日本の企業の多くにはメインバンクと呼ばれる銀行
が存在しており、短期的な運転資金の貸出をおこなっていました。今日では、
グローバル化の一環として導入された BIS 規制によって、銀行側の貸出方針が
厳しくなっています。その結果、各企業においては、従来以上にキャッシュフ
ローを慎重に管理することが求められるようになっています。

5 　キャッシュフロー計算書の３つの区分

　キャッシュフロー計算書は、次の３つの区分からできています。

● 営業活動によるキャッシュフロー

　これは、本業のオペレーションによる収入と支出の差額を表します。つまり、
本業をおこなった結果、手元のお金がいくら増えたか（あるいは減ったか）が
わかる項目です。

　営業活動キャッシュフローがプラスの会社は、本業が順調にいっている証拠
です。マイナスの会社は要注意です。マイナスが続くと、その会社の経営の先
行きは危険と判断できるでしょう。

● 投資活動によるキャッシュフロー

　企業が持つ、固定資産や株、債券などを売買した差引の結果です。一般的に
は、通常業務をおこなうためには設備投資などの固定資産への投資が必要なた
め、差引きするとマイナスになるのが普通です。

● 財務活動によるキャッシュフロー

　財務活動によるキャッシュフローとは、キャッシュ（お金）の不足分をどう

補ったのかを表します。借入金や社債などで資金調達すればプラスになります。逆に、借金を返済したり自社株買いをした場合は、マイナスになります。

　優良企業は、この項目はマイナスであることが多いようです。ただし、積極的に成長を目指す企業の場合は、借入金などの資金調達も多くなりがちです。その場合には、プラスとなります。

6　財務諸表を「読む」とは？

　ところで、よく、損益計算書やバランスシートが「読めない」、財務諸表や有価証券報告書を見ても難しくてよく「わからない」、見ていると頭が痛くなるという人がいます。それも、就職したばかりの若手のビジネスパーソンではなく、かなりキャリアを積んだ人だったりします。

　こうした人たちの考え方は、実は間違っています。そもそも、財務諸表は、それだけを単体で見ても、あまり仕方がないのです。基本的には、時間の経過とともにどのように変わっているか、あるいは、同業他社と比べてどうなっているか、と比較するところに、本当の意味があります。財務諸表は、単純に売上高などを見て一喜一憂するものではありません。P/L・B/Sは読むものではない、比べるものと皆さんは覚えておいてください。

● 財務指標（比率）

　財務諸表を読むときの指針となるものが財務指標です。財務比率ともいいます。財務指標には、その企業の収益性をあらわすもの、成長性をあらわすもの、事業や資金の効率性をあらわすもの、安全性や安定性をあらわすものなど、性質によっていくつかのグループに分けられます。経営上の判断が求められた場合には、その時に必要とされる内容をあらわす指標を用いて分析し、経営の舵取りをおこなっていくことが可能となるわけです。図7に代表的な財務指標をまとめておきました。これ以外にも指標はたくさんありますが、できるビジネスパーソンを目指すつもりであれば、最低限これぐらいは覚えておくようにし

コラム　会計の呼び名

　会計業務をおこなう部署は、企業では経理部・経理課という部署名になっている場合が多いようです。あまり会計部とはいわないようです。一方、官公庁などでは会計部・会計課という名前を用いている場合もあるようです。

　ちなみに中国語で「経理」といえばマネジャーと

いう意味で、「総経理」だと社長になるそうです。一方、アメリカ系の会社では、経理担当者をコントローラーと呼んだりします。会計機能の統制（コントロール）という意味合いの用語ですが、お金の実権をしっかりと押さえている雰囲気が伝わってくる気がしますね。

ましょう。

　会計士やコンサルタントのようなプロは、そういった比較対象となるデータが頭の中に知識として入っているから、財務諸表を1つだけみても判断ができるのです。

図7　財務指標

分　類	名　称	内　容	計算方法
収益性	総資本経常利益率	投下した総資本でどれだけの収益を上げたか。企業の収益率を判断する際の最も基本的な指標	経常利益÷総資本×100
	売上高営業利益率	売上高における営業利益の割合。本業での収益性を示す	営業利益÷売上高×100
成長率	売上高増加率	それぞれの値を前期と比較し、成長性を測る	(当期値－前期値)÷前期値×10
	経常利益増加率		
効率性	総資本回転率	総資本が売上高に対して何回転しているかを測定する。回転率が大きいほど効率が良いとされる	売上高÷総資本
	固定資産回転率	固定資産の有効利用度を測定する。高いほど良い	売上高÷固定資産
安定性・安全性	自己資本比率	総資本に占める自己資本の割合	自己資本÷総資本×100
	流動比率	流動負債を流動資産がどの程度カバーできているか	流動資産÷流動負債×100

課　題

この章のテーマをさらに深めるために

　最近では、企業のホームページから、実際の財務諸表（B/S、P/L、C/S）を簡単にダウンロードできます。どこの会社でもいいですから、取り寄せて、一度じっくりと眺めてみてください。その会社の収益性についての分析をおこなってみてください

　今日の会計の講義でも、先生が樫山くんの話をしてたけど、やっぱりすごいなあ。就職も楽勝で決まるんだろうなあ。私も今日の講義で会計のおもしろさを改めて認識できた気がする。来年度は会計関連の講義の履修登録をもう少し増やしてみようかな……。

その後のエリコさんは p.153

第10章 会社の発展に欠かせない資金調達と投資判断

―― 財務管理

たしか、会計の講義で財務会計っていうのが出てきたと思うんだけど、会計とどう違うんだろう？ ちょっと思い切って、先生に聞いてみるかな。先輩の話だと、この先生は講義の中でいろいろなたとえ話で説明してくれるので、わかりやすいと評判だからな……。

ツヨシくん（3年生）

先生、質問です

はい、なんですか？

ぼく、財務って初めて学ぶんですが、会計や簿記とはどう違うんですか？ 一言でいうとどんな内容ですか？

うーん、一言でいうのはなかなか難しいねえ。いくつかの側面があるからねえ

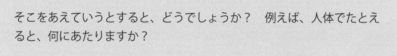

そこをあえていうとすると、どうでしょうか？ 例えば、人体でたとえると、何にあたりますか？

そうですねえ。ああ、そうだ。それは、この講義を聴いてから、きみが自分で考えてみてください。他の受講生の皆さんも同じです。この講義を聴いて、自分なりに一言で概要をいえるように、今日の講義はとくに集中して聴いてください…あ、それからきみ。なかなかいい質問をしてくれたね。講義の後でちょっと研究室に来なさい

あれ、なんか変なこと聞いちゃったかな（汗）

1 財務管理とはなんだろう

財務管理も企業経営にとって欠かせない重要な活動です。財務はファイナンスと呼ばれる場合もあります。お金の流れを扱うところは、会計（経理）と似ています。財務と経理の違いは、銀行とつきあいがあるのが財務部、ないのが経理部などという人もいます。では、財務の定義を押さえておきましょう。

定義

財務管理とは

財務管理とは、企業の経営活動に必要な資金の流れを管理するという側面から、企業の発展に貢献することを期待されている業務活動です。具体的には、①資金の調達、②投資—調達した資金の運用、③事業活動による利益の分配、の３つの機能をはたしています。

図1　財務の役割

● 現在価値

財務の３つの機能についての説明に入る前に、財務の前提となる基本的な概念についてまず説明しておきます。皆さんは、次の２つの選択肢のうち、どちらを選びますか？　①今日１万円もらう、②明日１万円もらう。ほとんどの人は、どちらでももらえればいいと感じたのではないでしょうか？　でもこれを、ファイナンス的に考えると、絶対に今日もらってください。その理由の背景には、現在価値という考え方があります。

昨今の日本の銀行の金利は、政策的に低くおさえられています。皆さんが銀行の口座に預金しても、金利はほとんどないに等しいといえます。ここでは、話をわかりやすくするために、金利は 10％であるとしておきます。また、今ここに、100 万円あるとします。

この 100 万円を１年間銀行に預金しておくと、利息がつきます。金利が 10％ならば、１年間で、10 万円の利子がつくことになります。したがって、今日の 100 万円は１年後には 110 万円に増えていることになります。この計算は $100 \times (1 + 0.1) = 110$ となりますね。

英語の格言で time is money（時は金なり）といいますが、これはたとえ話ではなくて、本当にそういうことなのですね。

これを逆に考えてみます。１年後の 100 万円が、今日の価値ではいくらになるかを考えるわけですが、それが現在価値です。いま、手元にあるお金が現在価値ですから、これを X としておきます。そうすると、$X \times (1 + 0.1) = 100$ となりますから、$X = 100 \div (1 + 0.1)$ と変形することができます。この式を計算すると X ＝ 90.90 万円。約 90 万 9000 円ということになります。現在価値は、１年後の金額から金利を引いたものとなります。こうした目減りすることを割り引くといいます。その時の割合を割引率（ディスカウント・レート）といいま

す。ディスカウント・ストアのディスカウントと同じですね。

　先ほどの質問に戻りますと、1日の差では、いくら金利が高くても、実質的にはあまり大きな違いではありません。しかし、理屈の上では、金利があるので、資金というものは時間が経つと価値が出てくるわけですね。

● キャッシュフローと現在価値

　次にキャッシュフローという言葉も覚えておいてください。これは、事業やプロジェクトを継続することによって、売上や収益として入ってくる資金（キャッシュ）の流れ（フロー）という意味です。財務を考える場合には、キャッシュフローの本当の価値が問題になります。その時に用いられるのが先ほどの現在価値の概念です。

図2　キャッシュフロー

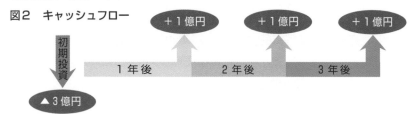

　図2を見てください。このプロジェクトは、初期投資として3億円必要ですが、その後の3年間で毎年1億円ずつのキャッシュフローを生み出しています。このキャッシュフローの価値ですが、そのまま単純に合計して3億円としないのがファイナンスです。もうわかりますね。それぞれの年の1億円を、割り引いて現在価値をもとめ、その合計が本当の価値になります。このようにして求めたキャッシュフローのことをディスカウント・キャッシュフロー（DCF：Discount Cash Flow）といいます。ちなみに、この場合のディスカウント・キャッシュフローの価値は、2.49億円と、少し目減りしています（図3）。

図3　キャッシュフローの現在価値

金利（割引率）	10%	1億円	1億円	1億円
$1/(1+0.1)=$	0.91			
$1/(1+0.1)^2=$	0.83			
$1/(1+0.1)^3=$	0.75			
現在価値	2.49			

2　資金の調達

　では、財務活動の働きについての説明に入りましょう。まずは、資金の調達からです。企業活動をおこなうためにはさまざまなお金が必要となります。これを運転資本といいます。通常の事業活動を展開するために必要な経費は、売上高からまかなうことが基本です。そうでなければ、会社は赤字で倒産してし

まいます。これは、1 年間という決算の期間での最終的なトータルでの話です。

　実際は、売り掛けと買い掛け、未収金、売掛債権などの関係で、一時的に手元の資金が不足する場合があります。皆さんも、友達にこれから映画を見にいこうと誘われたんだけど、財布の中には千円しか入っていない。明日になれば、アルバイトの給料が入るんだけどなあ、なんて時がありますよね。あるいは、携帯電話の通話料の引き落とし日に銀行口座の残高が不足すると、携帯が止められて困った、なんて話も時々聞きますよね。

　会社もまったくそれと同じです。支払い期日に残高が不足すると、支払いが遅れたり、手形が落とせない、といった困った状況になります。最悪の場合には、黒字倒産という事態に陥ってしまうかもしれません。

● 運転資本管理

　従来は、日本の会社はそういったときには、銀行などの金融機関から短期的な借り入れをおこなっていたものです。金融機関はさまざまな事情からそういった融資に消極的になることもありますので、企業は自分でそういったときのために備えておかなくてはいけません。必要なタイミングに必要な資金を調達しておく、資金繰りをよく考えておくことが重要です。これは、近年よく言われるようになった、キャッシュフロー経営につながっていきます。

　ちなみに、山田洋次監督の「男はつらいよ」シリーズで、寅さんの伯父さんが営んでいる団子屋の隣で印刷工場を経営しているタコ社長は、いつも「困った困った」といって入ってきます。手には集金用のバッグを持っているので、資金繰りのために銀行の間をかけずり回っているという設定のようにみえます。このように、個人経営の会社の場合には、資金繰りは社長が直接関与して切り盛りするようです。大きな会社になりますと、財務部のスタッフが資金繰り表などを作成して、会社の資金状況を管理しています。こういったことを運転資本管理といいます。

企業経営の中では、大がかりな設備投資や新規事業を展開する場合など、大きな資金が必要になる場合もあります。そのような場合に、資金を調達することが財務活動の基本的な役割です。

● 資金調達の分類

　それでは、企業がおこなう資金調達について、どのようなものがあるかその内容についてみていきましょう。企業が調達する資金は、返済の義務があるもの（負債）と、返済しなくてもいいもの（自己資本）に分けることができます。

　負債の中で、最もわかりやすいものが借入金です。これは企業がおこなう借

金です。借入金は、短期借入金と長期借入金とに分けられます。一般的に、運転資金として用いる場合は短期借入金、設備投資や事業案件の場合には長期借入金になります。その他、未払い金や買掛金などの負債も、資金調達の一種と解釈する場合もあります。借入金は、一般的には銀行などの金融機関から調達することになりますので、間接金融ともいいます。

金融機関を介さずに、企業が直接投資家や市場から資金を調達するものが社債です。社債の発行の際には、発行する企業は金利や返済期日（償還日）などの発行条件を約束して募集します。それを見て魅力を感じた投資家が、その社債を購入することによって、企業に資金が調達される仕組みです。ただし、社債発行の条件には、その会社の格付けが影響します。優良な企業であれば、信用は高いですから有利な条件（低い金利）で発行できます。あまり業績がよくない企業は、いつ倒産するかわかりません。倒産すると元金が戻らなくなるおそれがありますので、金利を高くしなければ、誰も社債を買ってくれません。こういった社債はジャンクボンド（くず債権）と呼ばれます。

自己資本による資金調達には、株式発行（新株発行）があります。新株（エクイティ）を発行して資金を調達するので、エクイティ・ファイナンスと呼ばれることもあります。バリエーションとしては、時価発行公募、株主割当、第三者割当や転換社債やワラント債の発行なども含まれます。

株式を発行することは、資本金が増える（増資）ので、会社の財務体質が強化されるとされています。これは、資本金には配当の支払いをする以外には、債権のように決まった期日に償還する必要がないからです。

上記の社債と株式発行については、企業が直接投資家から資金を調達するということから、直接金融ともいいます。また、株式発行は内部留保と同じく、返済しなくていい自己資本ですので、有利な資金調達方法であるといえるでしょう。

図4　資金調達方法の比較

	種別1	種別2	特　徴
借入金	負債 （他人資本）	間接金融	少額な資金の場合 借入期間が短い場合 比較的手軽（最近は銀行の事情でそうでもない）
社債		直接金融	会社の格付けにより、発行できないか条件が悪くなる 資本コストが若干有利
株式発行	自己資本		株主構成が不安定になる危険性 配当が必要・変動する 資本コストは低め
内部留保 減価償却からの キャッシュ			多額な資金の留保は難しい タイミングが難しい 資本コストが最も低い

とくに、株式を時価発行する場合には、株価が高い方が有利です。同じ株数でより大きな資金を調達できるからです。そのためには、経営者には普段から自社の株価を高めておく努力が要求されます。

3 資本コスト

　上の節で、資金を調達する方法がいくつもあることがわかったと思います。企業はこれらの資金調達方法の中から、適当な方法を選択して資金調達をすることになります。その際に重要になってくるのが、資金を調達するためにかかる費用、すなわち資本コストです。

　資本コストは、通常、調達した資金に関して発生する金利や事務的な手続き費用などを含めたものになります。その際に、自己資本に関しては注意が必要です。自己資本は金利が発生しないので、資本コストも発生しないと誤解されやすいからです。しかしながら、自分の資金であっても、何にも使わずに手元に置いておけば、本来であれば金利分が稼げるのに、それをしていないことになりますので、その分がコストになります。経営戦略でいうところの機会損失という概念に通じるものの見方ですね。

　また、調達方法に伴って、会社全体の財務構成が変動します。したがって、財務分析をおこなって各種財務比率を把握しながら、自社の財務状況をモニターしておくことが重要です。

　負債の場合には、基本的に調達した資金の返却と金利の支払いが発生します。また、資本構成が変動し、自己資本比率が下がります。同時に、負債比率は上がります。自己資本比率と負債比率は、下記の式で計算します。

自己資本比率 ＝ 自己資本 ÷ 総資産 × 100 ＝((総資本－他人資本)÷総資産)×100
負債比率（%)＝ 総負債（他人資本)÷ 自己資本 × 100

　一般的に、自己資本比率は、その企業の安定性を示していますので、自己資本比率が下がると、企業の安定性が低下したと見なされます（負債比率はその逆です）。

　それに対して、株式発行によるエクイティ・ファイナンスでの資金調達はどうでしょうか？　その場合には、別の側面を考える必要があります。まず、発行できる株式数には制限がありますので、むやみやたらと株式を発行することはできません。

また、株式を発行することは、発行した株式の総数が増加することですので、一株当たりの利益率が下がってしまいます。そうなると、投資家の魅力が薄れ株価が下がるというジレンマがあります。

さらに、新株を発行すると会社の株主構成が変化します。もしも、発行済み株式の半数以上を第三者に買い集められてしまうと、企業経営の主導権を奪われてしまう危険性があります。これは、会社のガバナンスという点から、非常に重要なポイントであり、注意が必要です。

ここで説明した資金調達の内容と特徴については、図4にまとめておきました。よく頭の中に入れておいてください。

このように、資本コストを考える場合には、単に金利を比較するだけではなく、さまざまな事情を検討して総合的に判断する必要があります。次の節では、実際の資本コスト算出の方法についてみていきましょう。

● 資本コストの計算方法

企業全体の資本コストは、加重平均資本コスト（WACC：Weighted Average Cost of Capital）として計算します。加重平均資本コストは、次の式で計算します。

加重平均資本コスト ＝ 負債コスト × 負債比率 ＋ 自己資本コスト × 自己資本比率

負債コストについては借入金利、自己資本コストについては、配当の現在価値や資本資産価格モデル（CAPM：Capital Asset Pricing Model）によって求めます。求めた資本コストを、それぞれの資本割合に応じて比例配分して求めるのが WACC です。こうした検討をおこなうことによって、自社にとっての最適な資本構成を実現するべく努力するのも、財務活動の役割の1つです。

4 投資

財務活動で調達した資金は、通常は社内外の新規事業へ投資されます。社外の場合は、融資といった方が正確かもしれません。このような大型の投資プロジェクトの意思決定には、企業では通常財務部門の関与は欠かせません。そういった意味で、財務部門は、企業経営の根幹をになう機能を果たしているといえるでしょう。

上の節で見たように、資金を調達するためには、資本コストが発生します。したがって、どのような投資プロジェクトであれ、資本コストよりも収益性が上回らなければ、資金の調達をする意味がありません。その判断をするためには、対象となる投資プロジェクトの評価をおこなうことが必要です。

● 投資評価方法

投資の評価方法には、次のようなものがあります。

◎回収期間法

　投資額がどのくらいの期間で回収できるかで判断します。これは最も感覚的にわかりやすいですね。回収に必要な期間が短い方が望まれます。ちなみに、**図 3** の場合だと、3 年ということになります。ただし、サンクコスト（埋没費用）問題といって、いったん参入した事業から、なかなか撤退できない状況に陥る危険性をはらんでいます。

◎正味現在価値（NPV：Net Present Value）

　正味現在価値法は、投資案件から得られるすべてのキャッシュフローの現在価値を計算して合計し、その結果をもとに投資案件の可否を評価します。現在価値については、先ほども説明しましたので、もう大丈夫でしょう。今日では、多くの企業で当たり前のように使われていますが、少し前まで日本の企業ではあまり使われていなかったそうです。

　問題点としては、①割引率（金利）が変動する、②長期のプロジェクトの場合には経済環境の変化などによってキャッシュフローが変化する可能性がある、などの不確定な要素が含まれている点です。なお、NPV がゼロになるのが、次で説明する IRR（内部収益率）です。

◎内部収益率（IRR：Internal Rate of Return）

IRR は、「内部利益率」「内部収益率」「内部利子率」「投資収益率」など、日本語の用語はさまざまです。

　考え方としては、プロジェクトの NPV がゼロとなるような割引率を計算し、その時の IRR と資本コストを比較します。IRR が資本コスト（加重平均資本コスト）よりも高ければ、投資の妥当性が高いと判断します。

　それ以外にも、DCF 法、投下資本利益率（ROI：Return on Investment）、PI 法（Profitability Index：PI ＝キャッシュインフローの現在価値合計÷キャッシュアウトフローの現在価値合計）、株主価値などがあり、状況に応じて用いられています。

5　分配

　調達した資金を用いて、首尾よく収益を上げることができたら、その成果を関係者に配分する必要があります。投資家は、利子や配当を期待して企業の社債や株式を購入するわけです。こうして得られる利益をインカムゲインといいます。株主はできるだけ配当を厚く（多く）することを経営者に要求します。

　その一方で株主は、企業の成長も期待しています。企業の業績が上がれば、その企業の株価も上昇します。もし、自分が株式を購入した価格よりも上がっていれば、売却益を獲得することができます。これがキャピタルゲインです。

　経営者としては、会社の将来の成長のためには、有利な資金調達方法として、

利益を内部留保として貯めておきたいところです。しかしながら、内部留保を不必要にため込むことは、株主の立場からすれば、「自分たちの資金を有効に活用していない→現行の経営陣は無能だ」という批判につながる場合もあります。最悪の場合、内部留保された資金を狙ってTOB（Take Over Bid）と呼ばれる敵対的買収を仕掛けられ、会社を乗っ取られる危険性もあります。

　勤勉に本業に励んで、ムダ使いをせず（という意味は、不必要に高い役員報酬や取り立てて必要のない設備投資などをしないということ）に利益を少しずつため込んで、内部留保を蓄えるというと、一般的な日本人の感覚では、美徳であるように感じられますね。しかし、企業経営の論理から判断すると、それは必ずしもいいことではないかもしれないのです。このように、経営学上の判断では、われわれの日常的な肌感覚で判断をすると間違う場合もありますので、注意をしてください。

　そこで、利益のうちどのくらいを配当として払うかという方針を決定する必要があります。これを配当政策といいます。また、その企業の配当の割合を配当性向といいます。配当性向は、配当支払額を当期純利益（税引き後利益）で割って計算します。慣例的には、成長性の高い企業は配当性向が低くても容認されるのに対して、成熟企業の場合には、比較的高めの配当性向が期待されている傾向があります。それ以外に、一株当たり利益率を上げるために、利益を使って自社株買いをおこない、購入した自社株を消却する場合もあります。

6　財務管理の重要性

　財務管理でおこなっていることは、企業活動の中では比較的目立ちにくいかもしれませんが、非常に重要な機能であることがわかったと思います。とくに資金調達は、一歩間違えると会社の屋台骨を揺るがしかねない事態になりやすいため、慎重な取り組みが求められます。日本経済のグローバル化の中で、株

コラム　FPとは

　FPとはファイナンシャル・プランナー（Financial Planner）またはファイナンシャル・プランニング（Financial Planing）の略称です。企業だけではなく、最近では個人的な資産運用・生活設計についてのニーズが高いことから注目されています。また、就職や転職のためにFP資格の取得を目指す人も増えているようですね。

　FP資格には、国家資格と民間資格の2種類があります。国家資格の「FP技能士」では、3級から1級までが認定されています。民間資格では、国内資格である「AFP（アフィリエイテッド・ファイナンシャル・プランナー）」と国際資格の「CFP（サーティファイド・ファイナンシャル・プランナー）」の2種類があります。

主の立場が強調される風潮が強まり、企業買収に対しても以前ほど特別視されなくなっていますので、少し油断をすると株主や社外の投資家から経営権を脅かされるリスクが高まっています。いくら本業を真面目にコツコツとやっていても、一晩明けて気がついてみれば、自社の株式の大半が買い占められていたということが、実際に起こるようになっているからです。企業の経営者にとっては、こういった財務面での企業防衛まで配慮しないといけないため、とても本業だけには専念できない感じですね。

そこで最近では、日本企業でも米国流に最高財務責任者（CFO：Chief Financial Officer）をおく場合が増えています。財務管理の領域は専門的な知識が求められるため、財務管理専門の担当役員を任命し、企業経営を財務面からサポートするのが狙いです。ちなみに、最近よく聞く言葉に CEO（Cheif Executive Officer）がありますが、これは最高経営責任者の意味です。日本語では会長と訳される場合が多いのですが、日本の会社の会長とは若干意味合いが異なっていて、社長と会長を兼ねた位置づけといえるでしょう。ちなみに、最高執行責任者（COO：Chief Operating Officer）といえば、本業の業務全般の最高責任者ということで、こちらも日本の会社の社長と同じ位置づけにあるでしょう。それ以外に、情報部門のトップである最高情報責任者（CIO：Chief Information Officer）、技術部門のトップである最高技術責任者（CTO：Chief Technology Officer）などをおく場合もあります。

課 題
この章のテーマをさらに深めるために

冒頭のツヨシくんと教授の会話を思い出してください。財務活動の内容を一言でたとえるなら、皆さんは何にたとえますか？　いろいろと自由な発想で考えてみてください。

　ああ、きみねえ。さっきの「一言でいうと」というのは、悪くない考え方です。これからも、いつもそういう意識を持って勉強すると身につきやすくていいですよ。ただし、何でも安易にたとえを出すのはケースバイケースなので、そこのところは注意が必要だな。とくに経営学の場合、戦略と絡めて戦争ごとや戦国時代の武将などの話がよく出てくるからね。参考になるものもあれば、わけのわかんないものもあるからね。まあ、いずれにせよ、頑張って勉強するように。

その後のツヨシくんは p.153

第11章

ますますつながる世界の中で

── サプライチェーン・マネジメント（SCM）

コンビニのバイトを始めて半年か。ようやく慣れてきたなあ。大学やサークルと両立できていいかなと思って始めたんだけど、実際はなかなか大変だよなあ。でも、その割にあんまり儲からないって、こないだ店長がグチをこぼしていたなあ。

サユリさん（2年生）

サユリさん、もう仕事は慣れた？

はい、店長。最近ようやく一通りできるようになった感じです。それにしても、コンビニのバイトって、かなり忙しいですね。毎日、在庫管理とか発注とか仕事が多くて

そうそう。レジだけじゃあないからね

あと、廃棄処分の弁当とか、もったいないですね

ああ、そうだね。以前は、君たちバイトにあげてたんだけど、最近では廃棄を徹底するようにって、本部の方針で厳しくなってねえ。でも、最近は SCM とかのシステムができて、昔よりはかなり改善されているんだよ

え？　なんですか SCM って

あれ、大学ではまだ習っていない？

1 サプライチェーン・マネジメントとはなんだろう

　　サプライチェーン・マネジメントは、皆さんにとってあまり聞き慣れない言葉だと思います。サプライチェーン・マネジメントとは、企業における経営管理手法の1つです。企業が取引先との間の①資材調達、②受注・発注、③在庫管理、④物流などの業務を情報技術（IT）を用いて管理しようとする新しい経営手法です。

　　では、サプライチェーン・マネジメントの定義を押さえておきましょう。

サプライチェーン・マネジメント とは

定義

　　サプライチェーン・マネジメントとは、供給者から消費者までを結ぶ、原材料の調達、製品の製造・販売・配送の一連の業務のつながりをサプライチェーンとしてとらえ、これらの活動を調整・統合することによって、企業の壁を越えたビジネスプロセス全体の最適化をめざす経営管理手法です。

当初は、「供給連鎖管理」という訳語が使われていましたが、最近では、Supply Chain Management の頭文字の SCM と書いて、短く「エス・シー・エム」と呼ぶほうが一般的です。

　　サプライチェーン・マネジメントを実践することの目的は何でしょうか？それは、業務効率の向上を通じて、企業のパフォーマンスをあげることにあるといえるでしょう。こうした企業のパフォーマンスについては、収益性などのさまざまな財務指標で把握することができます。

　　サプライチェーン・マネジメントが、従来の経営手法と異なっている点はいくつかあります。まず、根本的なものづくりの発想の転換につながっている点です。サプライチェーン・マネジメントを実現することによって、従来の「製品を作ってから売る」というスタイルから、「注文を取ってから作る」というスタイルに近づきます。これは、製造プロセスの効率化を実現するという観点からは、まさに理想的な状態であるといえるでしょう。

　　次に、サプライチェーン・マネジメントによる影響は、自社だけにとどまらず、関連する他の企業にも影響を及ぼす点です。つまり、供給業者、流通業者、小売業者といった関係各社も同時に取り組むことになりますので、業界全体の業務効率の改善が見込まれるわけです。従来のように、それぞれが自分たちだけの経営効率を追求するのではなく、業界全体での余剰在庫削減や適正な生産

水準の実現などにつながる可能性があります。いいかえれば、業界における部分最適化から、全体最適化を目指す手法といえるでしょう。

　では、管理の対象となるサプライチェーンとは何でしょうか。

　企業活動の基本は、製品やサービスを生産し、それを顧客に販売して売上を立てることです。その際に、製品の原材料を調達・購買することが必要になります。また、出来上がった製品を顧客のところに送り届けることが求められます。なお、生産活動そのものも重要ですが、これについては第5章の生産管理論で単独に取り扱っています。

　そうした一連の業務は、順番につながっています。つながり具合がまずいと、スムーズに製品の供給ができなくなってしまいます。このように、製品というアウトプットを供給（サプライ）するためのさまざまな業務が、あたかも一本の鎖（チェーン）のように連なっていることから、それらを総称してサプライチェーンと呼ぶわけです。それを管理するために情報技術をフルに活用し、業界全体で取り組もうというのが、サプライチェーン・マネジメントです。

　本書では、サプライチェーン・マネジメントの領域に含まれる活動として、①電子商取引、②ロジスティックス、それに③研究開発について取り上げることにします（図1）。とくに最後の研究開発については、通常の SCM の領域ではないのですが、本書では研究開発の意義と重要性からあえて入れておきました。

図1　SCM の領域

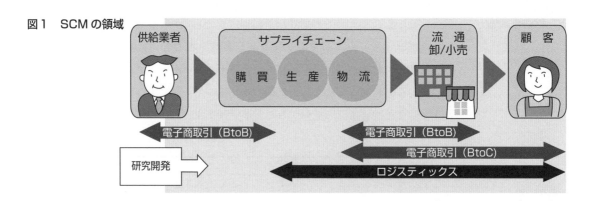

2　電子商取引

　サプライチェーン・マネジメントを実現するためのプラットフォームとして欠かせないのが電子商取引です。

　電子商取引とは、インターネットなど情報通信ネットワークを利用しておこなう商取引全般のことをいいます。英語の Electronic Commerce から EC という略号で呼ばれたり、E コマースなどと呼ばれたりします。皆さんに身近な、

音楽配信サービスの利用やスマホを用いた通販などは、モバイル・コマースあるいは、Mコマースと呼びます。こうした電子商取引がおこなわれるようになった背景には、いうまでもなくパソコンを中心とした情報機器とインターネットの普及があり、そうした今日の社会状況のことを、ユビキタス社会と呼びます。また、電子商取引をおこなう際の決済手段として、電子マネーの研究や普及も急速に進んでいます。

● 電子商取引の種類

電子商取引といえば、当初は消費者向けの物販サービスをおこなうために複数の商店のページ（電子商店）をまとめた、バーチャルモールや仮想市場などが中心になって発展してきました。また、事業の将来性が注目されて、さまざまな業種からの新規参入が続きましたが、「楽天」などの数社を除いて、今日ではほとんど撤退してしまいました。

今日の電子商取引は、BtoB、BtoCの2つに分類されます。BtoBとは、Business to Businessのことで、これは企業間取引を指します。主に原材料や部品といった生産財の購買活動、もしくは製造業と卸・小売店といった流通業者との間での商取引を含みます。

BtoCはBusiness to Consumerで、企業と一般消費者との間の商取引を意味します。一般消費財やサービスなどのオンライン・ショッピングがこれにあたります。皆さんも、自分の欲しい商品をインターネットで買ったことがあると思いますが、それがBtoCです。

それぞれの市場規模について押さえておきましょう。経済産業省の「平成30（2018）年度 電子商取引に関する市場調査」によると、2018年度の市場規模は、BtoBが344.2兆円であるのに対して、BtoCでは18.0兆円となっています。これは、われわれの日常的な感覚からすると、ちょっと意外な感じがしませんか？ 皆さんは、今の時点ではBtoBの方が圧倒的に多い（20倍程度）ことを、ぜひ知っておいてください。

図2　電子商取引の分類

電子商取引	Eコマース	狭義のBtoB	インターネットを利用したBtoB
		広義のBtoB	情報データ通信を利用した電子商取引
		BtoC	一般消費者向け各種物販等
		CtoC（PtoP）	ネットオークション
		BtoG	企業政府間取引
	Mコマース		携帯を用いた電子商取引

BtoB については、インターネットの出現と共にいきなりおこなわれるようになったわけではありません。企業活動の中で、従来から取引先との間の受発注業務において、少しずつ形を変えておこなわれてきた経緯があります。電子商取引として定着する前は、**電子データ交換**（EDI：Electronic Data Interchange）という取り組みがおこなわれてきました。その前には、**CALS**（Computer Aided Acquisition and Logistics Support）などもありました。こうした取り組みを通じて、業界内や企業間において標準的な手順（プロトコル）でのやり取りによって、文書作成や処理のための事務経費の削減に取り組んできたという下地があって、今日の EC の普及につながっているわけです。

● 電子商取引による変化

　電子商取引をおこなう最大のメリットは、取引に関するコストの低下があげられるでしょう。売り手と買い手が直接取引をおこなうことによって、これまでの中間流通業者を「中抜き」にして取引することができ、流通コストが削減できるからで、これはとくに BtoC の場合にあてはまります。また、インターネットを使えば、文字通り世界の裏側とも取引ができるわけですから、世界中の取引先の中から最も有利な相手と取引できることになります。また、新しい取引先を探すコストや、取引先を切り替える**スイッチング・コスト**が低下します。

　個別に見ていきますと、売り手にとっては、新規取引先の開拓や営業コストの削減が期待できるでしょう。また、取引先の増加によって在庫リスクを軽減することが可能になります。買い手にとっては、調達コストや物流コストの削減が期待できますし、緊急時にスポット取引による調達手段の確保なども可能となります。

　その一方、デメリットとしては、異なるフォームへの多重入力や取引先ごとの ID やパスワード管理の煩雑さなどといった点が指摘されています。こうしたことを、**情報のフラグメンテーション**（断片化）と呼びますが、その手間が余分なコストにつながります。

　また、セキュリティ対策を講じる必要があることも、新たなコストになります。電子商取引はネットワークを用いてデータ転送をするわけですから、経路途中でデータの覗き見や改竄（中身を変えてしまうこと）がされないように、対策を考えておく必要があります。とくに BtoC に関しては、個人情報保護やプライバシー保護の観点から、それぞれ対策を講じておくことが強く求められています。近年では、販売サイトのふりをして（偽装して）、個人データやクレジットデータなどを騙し取ろうとする、フィッシング詐欺など新手の詐欺にも注意する必要があります。

● その他の電子商取引

電子商取引の新しい形態として注目されているのが、ネット・オークションです。ネット・オークションについては、個人間取引ということで、CtoC（Consumer to Consumer）といったり、PtoP（Peer to Peer）といったりします。その市場規模は意外に大きく、前出の経済産業省の調査結果では、1兆133億円となっています。それ以外では、政府機関の調達業務をおこなう企業政府間取引なども BtoG（Business to Government）として注目されています。

3 物流/ロジスティック

これまで電子商取引について見てきました。それは、電子商取引がサプライチェーン・マネジメントを実践する際に欠かせないプラットフォームだからでした。ただし、電子商取引でおこなわれているのは、受発注業務の中でのデータ交換の部分だけです。実際には、取引された原材料や部品、製品といった物体を、相手先に送り届ける必要があります。そこで、物流が重要な意味を持ってきます。

● 物流活動

商取引が成立したら、金銭の授受による決済以外に、製品などを物理的に最終消費者の手元まで引き渡す必要があります。それが物流です。物流とは、物的流通の略語です。物流については、サプライチェーンの段階によって、調達物流、生産物流、販売物流に分類されます。

物流の主要な機能としては、①輸送、②保管、③荷役、④包装、⑤流通加工などがあり、これらを物流5大機能と呼びます。それ以外にも、倉庫などの施設管理や貨物追跡、配車手配などさまざまな業務が必要とされています。こうした複数の業務同士を調整しながら、滞りなく業務をおこなうことは簡単ではありません。最近では、作業効率を改善するために、情報技術が高度に用いられています。

従来、物流といえば、ビジネス活動に付随して発生する舞台裏の取り組みという感じで、どちらかといえば忘れさられがちな領域でした。今日では、物流費用をいかに圧縮するかということは、経営上の大きな課題になっています。したがって、多くの企業では、全社的な情報システムの整備などをおこなって、物流活動の効率化を進めています。自社の物流機能を子会社化して物流子会社を設立したり、物流機能を外部委託（アウトソーシング）したりするのがその例です。また、複数の企業と協力して配送貨物をまとめる共同配送をおこなって、物流コストの削減を図る努力をしています。

● ロジスティックス

　物流活動改善のための戦略的な取り組みのことを、ロジスティックスと呼ぶ場合もあります。ロジスティックスとは、本来は兵站という意味の軍事関連用語です。戦場で後方に位置して、前線の部隊のために、兵員や武器弾薬、食糧などの補給物資の供給や補充をおこなうことです。それを、ビジネス活動の中のサプライチェーンに当てはめようというのがロジスティックスです。

　従来の物流との違いは、ロジスティックスが綿密な計画に基づいて、必要な量が必要な場所に供給されるよう、長期的な視点に立って戦略的な対応を実現しようとしている点です。いいかえれば、ロジスティックスの場合は、サプライチェーン・プロセスの中での全体最適化を目指しているといえるでしょう。

● 3PL

　こうしたロジスティックスの考え方が広がる中、サード・パーティー・ロジスティックス（Third-Party Logistics）という概念が生み出されました。これは 3PL と略称されますが、ある企業のロジスティックスの全体もしくは一部を、第三の企業に委託することで実現しようというものです。これまでにも、物流機能を外部委託（アウトソーシング）するという取り組みはおこなわれていました。3PL は、それをもう少し積極的に推し進め、外部の物流業者との間にパートナーシップを築き、物流活動のよりいっそうの効率化を図ろうという取り組みです。

4　研究開発

　研究開発をサプライチェーン・マネジメントの中に含めることは、少々変則的です。一般的には、サプライチェーン・マネジメントは、製品を製造するための原材料や部品の調達といった段階からはじまるとされているからです。しかしながら、企業活動にとって研究開発は非常に重要です。また、研究開発が新製品を生み出す源泉であるという点から見れば、サプライチェーン・マネジメントの始まりに研究開発があると考えることもできます。

　研究開発は、英語の Research and Development の頭文字をとって R&D とも呼ばれます。いわゆる研究といえば、大学などで学問のためにおこなわれる研究があります。企業における研究開発の場合は、自社にとって有利な状況を生み出し、最終的にはそれが業績として反映されるためにおこないます。いちばんわかりやすい例が、研究開発によって他社がマネできないような画期的な新製品を生み出し、その結果として自社の売り上げが飛躍的に向上するケースです。

こうしたドラマティックなケース以外にも、目には見えませんがさまざまなシチュエーションで研究開発の成果が活かされています。

● 研究開発の管理

研究開発には時間とお金がかかります。例えば、医薬品の場合などは、新製品を出すまでに、研究開発に10年間で100億円かかるといわれています。これは極端な例としても、研究開発には膨大な経営資源の投入が不可欠です。したがって、研究開発を上手に管理することは、企業の死活に関わってくる非常に重要な課題です。

多くの企業では研究開発に関して一定の手順を定めて研究開発プロセスの管理をおこなっていますが、実際にはなかなか計画通りには進まないのが実情です。逆に、偶然のいたずらが画期的な研究開発につながる事例も多いようです。有名な例として、新しい接着剤の開発の失敗がポストイットにつながった、スリーエム社の話はよく知られています。

また、研究開発費についても、適切に管理する必要があります。資金が潤沢で予算が豊富に使えれば、研究開発のレベルが上がる可能性は高まります。ただし、予算をたくさん使ったからといって、必ずしも成果につながらないのが研究開発の難しいところです。研究開発費は、宣伝費と情報化投資費とならんで、経営活動の中で費用対効果を最も捉えにくい項目のトップスリーのひとつによくあげられます。理屈上は、成果が見込める研究テーマに多くの予算を割けばいいのですが、その見極めは簡単ではありません。そこで多くの企業では、売上高など何らかの指標に連動する形で、研究開発費の予算を計上したりします。

● 研究開発の分類・目的

研究開発は、大きく基礎研究と応用研究のふたつに分類されます。基礎研究は、主に製品化やビジネス上の利益に直接結び付くことの少ない技術や理論の発見に関する研究活動です。一般に時間と費用が最もかかる段階です。ただし、イノベーション（革新）を起こすためには、基礎研究を充分におこなうことが必要であるとされています。

もう一方の応用研究は、基礎的な技術や理論を現実の製品に結び付けるための研究活動であるといえるでしょう。とくに生産プロセスや製造技術に関する研究の場合は、将来の製品化のことを考えて、生産部門と密接に連携することが重要であるとされています。

少し違った切り口で、シーズ型の研究開発とニーズ型の研究開発という分け方もあります。シーズとは種という意味で、研究開発によって興味深い現象や理論を見つけて、そこから製品化につなげていく方法です。基礎研究に近い性質のものであるといえるでしょう。

ニーズ型は、顧客や生産現場などで求められている機能や技術を洗い出し、

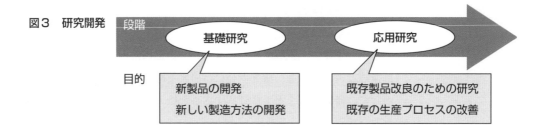

図3　研究開発

そこから研究開発を展開していこうとするものです。こちらの方が、より事業化には近いと考えられます。

　また、研究開発の目的としては、①新製品の開発、②新しい製造方法の開発、③既存製品改良のための研究、④既存生産プロセスの改善、などがあります。

　企業は、研究開発戦略にもとづいて、これらの分類と目的を組み合せて、実際の研究開発のテーマを決め、適当なバランスを考えながら、ヒト・モノ・カネといった経営資源を割り当てていくわけです。また、研究開発戦略にもとづいて、どのような製品をいつごろ市場に投入するかというロードマップを作成する場合もあります。

●　その他の項目

　研究開発によって獲得した成果については、企業がそれを適切に管理することが必要です。今日では、新しい発見や発明が持つ知的財産としての価値を経営に有効に活かすことが求められています。そこで企業には、特許戦略やライセンシング戦略などを策定することが求められるようになっています。

　研究開発の実施に関しては、近年では産業界、教育機関、公的機関が協力しあう産学官連携がおこなわれるようになっています。これは、それぞれの関係者の利害が一致したケースで、比較的規模の大きな研究開発を担う取り組みとして、今後の行方が社会的にも注目されています。

　最後に、研究開発の管理から発展して、企業における技術管理を適切におこなってイノベーションを生み出すことを目的とした技術経営（MOT：Management of Technology）という取り組みも、近年注目されてきました。新しい技術を取り入れながら、企業が成長を持続していくための経営管理を工夫しようというものです。

5　サプライチェーン・マネジメントの課題

　本章で紹介したサプライチェーン・マネジメントには、いくつかの課題が残されています。サプライチェーン・マネジメントが業界全体の最適化を目指す

手法ではあるものの、それぞれのパートナー間では、現実的には利害の対立がつねに存在しているため、その調整をする際に誰が主導権を発揮するかという点です。また、部品の規格や製造プロセスのオープン化についても、どの程度まで他社と共有するかなどもなかなか難しい課題となっているようです。

課題

この章のテーマをさらに深めるために

　皆さんが普段コンビニなどで何気なく買っているもの（清涼飲料類、スナック菓子やデザート、カップ麺など）について、そのサプライチェーンを調べてみましょう。メーカーは原材料の調達をどこからおこなっているか（国内か海外か）、また、店頭までの経路はどうなっているか、調べてみると意外な事実がわかるかもしれませんね。

　とくに深く考えて始めたわけではないけれど、コンビニのバイトもいろいろと奥が深いな。それと、経営学そのものが、いろいろな側面があって面白いな。大学に入るときには、経営学の内容なんかあまり深く考えずに受験したけれど、商学部を選んでよかったかも。大学を出たら就職しようと漠然とは思っていたけれど、自分のやりたい仕事も何となくわかってきた感じ。いまのうちに少しは勉強の方もしっかりやっておいた方がいいかもね。その後のサユリさんは p.153

第12章 情報を制するものがビジネスを制す —— 経営情報

インターネットは本当に便利だな。ぼくの日常で、メッセンジャー・アプリや SNS がないなんて想像できないもんね。でもスマホが当たり前になったのはここ 10 年くらいのことらしいけど、昔の人ってどうやって連絡取ってたのだろう？　Web の検索エンジンが使えなければ、どうやって調べ物とかしていたんだろう？

タカオくん（1年生）

昨日の M-1 グランプリ見た？
今年のチャンピオンなかなか面白かったな

昨日の夜はバイトで TV 見られなかったんだ

そっか、それは残念だったね

あ、でも、その後、動画サイトで見たからわかるよ。面白かったね。
あと、敗者復活で這い上がってきたコンビも良くなかった？

そうそう、去年だと、それでそのままチャンピオンになったけど、さすがに今年はそれはなかったね。でも全体的な感じとして、去年の方が良くなかった？

たしかに、それはあるなあ。ネットの一部でも、あれは出来レースではないかという意見もあるみたいだね

そうなんだあ

1　経営情報論とはなんだろう

　現代は情報化社会であるとよくいわれます。それは、いわゆる第 1 次産業、第 2 次産業から第 3 次産業へ大幅に就業人口が増加したことや、企業における業務が、知識労働者と呼ばれるホワイトカラー中心になってきたという状況を背景としています。もっと別の名前で、ネットワーク社会であるとか、IT（情報技術）社会、デジタル社会というように呼ばれることもあります。

　こうしたことは、今日の私たちの日常生活を考えれば、充分に納得できる状況でしょう。そこにはパソコンやスマホといった情報機器類が満ちあふれています。皆さんも、こうした情報機器のいくつかを日常的に使っていることと思います。

　社会の情報化がこれだけひろがりますと、企業においても、必然的にさまざまな情報機器が業務処理の中で使われています。その中でもとくにコンピュータ機器を中心とした、情報システムと企業経営の関係を考えることが経営情報論です。ただし、その内容を単に仕事でパソコンを使えるようになることや、業務処理をシステム化するためのプログラミングスキルというような、表面的なとらえ方をしていては、経営情報論に対する理解としては不十分です。そこで、経営情報論の定義を、次のようにしておきたいと思います。

経営情報とは

定義

　経営情報とは、コンピュータ機器類を用いた情報システムの活用によって、企業における情報の流れをデザインし、意思決定の支援をおこない、業務の質を向上させるための仕組みを考える学問領域です。

　経営情報論に関しては、英語の MIS（Management Information System）という用語も覚えておいてください。日本語では経営情報システムになります。MIS とは、経営者の意思決定に必要な情報を、客観的かつ組織的に収集、加工し、経営者の必要に応じて提供する機能を持った、人間や機械（コンピュータ）によって構成される正式な組織内の仕組みであるといえます。

　コンピュータによる情報システムは、もともとは電算処理もしくは EDP（Electronic Data Processing）などといって、会社の中のデータ処理を機械でおこなうだけという位置づけでした。それを企業経営と関連づけて捉えるコンセプトとして登場してきたのが、MIS です。ですから、MIS の考え方は、経営情報論の基本的な考え方になっているといえます。

　今日の情報技術では動画や音楽の処理はあたり前になっています。コンピュータが企業に導入され始めた頃は、技術的な制約から、情報処理で扱うことができたものは、文字と数字のテキストデータのみでした。カラーディスプレイやカラープリンタは珍しく、しかも日本語の処理もままならないといった状況でした。MIS のコンセプトによる経営情報システムといいながらも、実質は経理データ中心のものでしたし、当時のプリンタでは漢字が印刷できなかったので、かろうじて半角のカナ文字かローマ字で非常に読みにくい代物^{しろもの}だったようです。

　経営資源については、これまでも何度も出てきました。ヒト・モノ・カネに、ニューフェースとして追加されたのが情報でした。情報を活用することは、企業活動の質を高める上で重要であるという認識が広まったことが背景にあります。そもそも、企業活動とは、見方を変えれば、その大部分が何らかの形で情報処理をおこなっているものと捉えることもできます（**図1**）。そこでは、さまざまな情報が処理されています。処理されている情報を性質によって分類すると、大きく定量的データと定性的データの2つに分けることができます（**図2**）。

　定量的なデータとは、いわゆる数値データです。会社では、お金の計算をおこなう会計処理が非常に重要です。また、本来コンピュータが最も得意とする

図1　情報処理をする組織

図2　組織を流れる情報

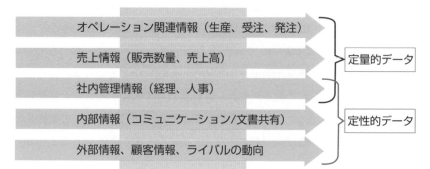

のが計算ですから、これは情報処理をおこなう対象としては、最もふさわしい業務内容であるといえるでしょう。会計処理で、予算や決算の数字を計算し、それをもとに日々の業務活動をおこなっていくわけです。さらに、給与計算や業務に伴う経費の処理などもおこなわれています。

一方の定性的データとは、数値以外のデータすべてと考えていいでしょう。市場における顧客データや市場の動向、ならびに競合他社の情報など、ビジネス活動に必要とされる情報はさまざまです。もちろんそういった情報の一部には数値データも含まれますが、数値データに反映されない重要な情報もたくさん存在します。そういった情報を収集し、分析して、活用することは重要です。

分析の結果は、事業企画書やビジネスプラン、マーケティングプラン、会議などの資料にまとめられて、企業活動に反映されていきます。

その他、社内のコミュニケーションもまた、定性的なデータの山といってもいいでしょう。具体的には、業務指示、日報などの業務報告書、社内の連絡、回覧板や掲示板などで伝達する情報です。今日では電子メールや社内のサーバに蓄積した文書を、パソコンのブラウザで見るといったスタイルが一般的です。

3 情報技術を活用することの意義

業務文書の作成には、今日では当然のことながら、パソコンのワープロソフトを使います。しかしながら、パソコンがこれほど普及する前は、すべて手書きでした（過渡期には、ワードプロセッサ専用機が使われている時期もありました）。皆さんも、大学の授業でレポートの課題が出たとき、最近では手書きでレポートをまとめることは少なくなったのではないでしょうか？　中には、提出の要件として、コンピュータ出力することという条件を出す先生もいるかもしれませんね。パソコンで文書を作成するようになると、もう手書きには戻りにくいものです。以前作った文章をコピー＆ペーストするようになると、さらに効率が上がりますからね。

これは業務でも同じです。そもそも会社の業務の中では、一定のフォーマットに従って、内容が少しだけ違う文書を作成するケースが結構多いものです。そのたびに最初から作り直していたら大変です。また、他の人がすでに作った文書があれば、それをひな型（テンプレート）として用いれば、作業の手間が減るので、そのメリットが大きいことは、皆さんも想像できると思います。

さまざまな文書をファイルサーバ上に蓄積しておいて、社内で共有すれば会社全体での業務効率が上がります。このように、情報技術を取り入れると、会社での仕事のやり方が変わっていくという効果があります。そういった変化が

最も期待されたのが電子メールでした。

● 電子メールの威力

　最近の若者は、電子メールよりもメッセンジャー・アプリを好むといわれます。それでも、就職活動をする際には、電子メールなしでは考えられないでしょう。今日では必須のツールのように思われる電子メールですが、普通の学生が使うようになったのは、2000年あたりくらいからではなかったかと思います。

　電子メールが企業で用いられるようになったのは、それよりももう少し早く1995年頃あたりですが、それでも今からたかだか25年程度前ということになります。電子メールが使われ始めるようになったときには、これまでの仕事のありかたが、がらりと変わるなどとよくいわれました。ビジネス雑誌などでも、仕事ができるビジネスパーソンは電子メールを使いこなすというような、さまざまな特集記事が掲載されたものです。

　その中でもっとも関心が高かったのが、上司が管理できる部下の数（スパン・オブ・コントロール）が大幅に増えるので、中間管理職が削減できる、もしくは不要になるといったことです。あるいは、社長が全社員に一斉に業務指示を出すことも、理屈の上では可能になるともいわれました。

　そうすると、これまでのいわゆる階層構造的な組織からフラットな組織に変えることができると考えられました。その結果、従業員を削減して、企業の組織をスリム化を実現するダウンサイジングをおこなって、人件費の削減を狙う取り組みにつながっていきます。

　このように、電子メールは単に便利なツールというだけではなく、業務のあり方も変えうる潜在的な影響力を持っていることが認識されたわけです。電子メールのような新しい情報技術を導入することによって、業務の効率を上げると共に、業務プロセスを改革しようとする取り組みのことをBPR（Business Process Reengineering）といいます。情報技術がもつ潜在的な影響力は、業務革新と密接に結びついているので、情報技術の活用は、今日の企業経営ではなくてはならないものとなっています。

4　情報システムと業務プロセス

　では、企業の中で用いられる代表的な情報システムについて、もう少し簡単に説明しておきます。この分野では、アルファベットの頭文字を使った略号が出てきますので、皆さんは、そうしたキーワードを中心に覚えるようにすると良いでしょう（**図3**）。

図3 主な情報システムの略語一覧

BPR	Business Process Reengineering
CRM	Customer Relationship Management
EC	Electronic Commerce
ERP	Enterprise Resource Planning
MIS	Management Information System
POS	Point of Sales
SCM	Supply Chain Management
SFA	Sales Force Automation
SIS	Strategic Information System

図4 さまざまな業務システム

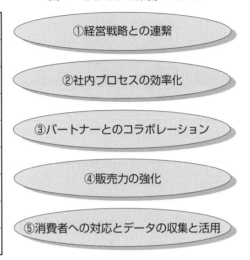

①経営戦略との連繋

②社内プロセスの効率化

③パートナーとのコラボレーション

④販売力の強化

⑤消費者への対応とデータの収集と活用

　ここでは、①経営戦略との連繋、②社内プロセスの効率化、③パートナーとのコラボレーション、④販売力の強化、⑤消費者への対応とデータの収集と活用という5つのテーマで整理することにします（**図4**）。

● 経営戦略との連繋

　まず、経営戦略との連繋です。戦略的情報システム（SIS：Strategic Information System）と呼ばれる取り組みが注目されました。これは情報システムを用いて、競合他社との差別化を実現し、組織の競合優位性を確保しようというものです。情報システムを経営戦略と結びつけたことは、これまでの情報システムの取り組みが社内業務の効率化という方向でしたので、それと比較すると画期的でした。そのために、多くの企業が SIS の導入に踏み切りました。発想が単純であったことなどから、一過性のブームにすぎなかったのではという見方もされています。

● 社内プロセスの効率化

　情報技術が業務の進め方を変える潜在的なパワーに注目したのが、ビジネス・プロセス・リエンジニアリング（BPR：Business Process Reengineering）というコンセプトです。これは、世間でよくいうリストラと似ています。一般には人員整理のことをリストラと呼びますが、本来は、restructure（再構築）という意味で、企業が展開している事業構成を見直すという意味です。

　BPR の場合は、ビジネス・プロセス（要は仕事の手順や進め方）を根本的に改革しようというものです。もともとは、情報技術の利用は必ずしも想定していないものでしたが、多くの場合、情報機器を用いた情報システムの導入と共におこなわれたようです。

近年では、ERP（Enterprise Resource Planning：企業資源計画）という統合業務パッケージが注目を集めました。これは、生産システムの資材所要量計画（MRP：Material Resource Planning）を真似たネーミングのパッケージです。パッケージとは、パソコンのソフトなどでは一般的ですが、企業の業務システムとしては、少々珍しい存在でした。それまでは、企業の業務システムといえば自社内で開発するか、もしくは外注して構築するものとされていたからです。こうしたシステムのことを自前のシステム（プロプリエタリー・システム：Proprietary System）と呼んでいました。

　パッケージになったERPは、製造、調達、物流、販売から、人事、財務、会計と企業活動すべてをカバーするものです。まるで、パッケージに仕事の仕方を合わせるような印象すら受けます。

● パートナーとのコラボレーション

　ビジネス展開をおこなう上で、パートナーは重要な存在です。基本的には、製品の部品や原材料を供給する業者、自社製品の販売をおこなうチャネルや小売店ということになります。

　こうした、パートナー間で原材料を購入したり（発注）、自社製品の注文を受け付けたり（受注）することを受発注業務といいます。かつては、電話やファクスによっておこなっていた受発注業務は、今日ではコンピュータとネットワークによるデータ通信をおこなう電子商取引（EC：Electronic Commerce）がもはや当たり前になっています。さらに、最近ではもっとコラボレーションのレベルを上げた、サプライチェーン・マネジメント（SCM：Supply Chain Management）というコンセプトも広く普及しています（第11章参照）。

● 販売力の強化

　企業活動の中心的存在である営業活動は、これまでは血と汗のにじむ浪花節（なにわぶし）の世界のような印象でした（第7章参照）。もちろん、ここにも情報化の流れは迫ってきています。そこで生まれたのが営業支援システム（SFA：Sales Force Automation）です。今日では、モバイル端末やスマホによるSFAの利用が盛んになっています。営業活動では社外に出かけることが多いので、SFAの活用は営業活動の業務効率向上につながります。

● 消費者への対応とデータの収集と活用

　販売時点情報管理（POS：Point of Sales）とは、小売業において、どの商品がいつ、何個売れたかを把握するために、販売時点で1品単位でデータを収集するシステムです。コンビニでおなじみでしょう。

　そこで収集した大量のデータを蓄積したデータベースがデータウェアハウスです。大量のデータを分析し、経営やマーケティングにとって必要な傾向動向、

相関関係、パターンなどを導き出すための技術や手法である、データ・マイニング（Data Mining：データの採掘）も注目されました。データ・マイニングは顧客の購買パターンやそのパターンに影響を及ぼす要因を特定し、優良顧客の絞り込みやクレジット・カードの不正使用防止などに役立てようとするものです。

顧客との関係を重視し、それを経営に活かそうという取り組みも出てきました。そこで用いられたコンセプトが CRM（Customer Relationship Management）です。日本語では「顧客関係管理」といいますが、シー・アール・エムのほうが通じるでしょう。顧客のロイヤルティを高め、企業収益の向上に結び付ける手法です。システムとしては、データベースを活用した、顧客の属性と購買履歴の管理です。

5 情報システムの開発・管理・維持

● システム開発

システム開発の手法については、情報技術の変化と共に大きく変わってきています。古いところでは、システム開発ライフサイクル法と呼ばれる、業務プロセスを中心とした手法がよく知られています。その後、データを中心としたアプローチやオブジェクト指向アプローチなどの、新しいアプローチ方法が工夫されています。

また、システム開発に先立って、対象となる業務についての業務分析が欠かせません。その際に、現状の業務をそのままシステム化するのではなく、業務の流れを見直した上でシステム化するほうが、システム導入の効果は高くなります。

● 情報化投資と費用対効果

コンピュータに関連する経費が大きくなってきたため、企業ではそれだけの費用に見合うだけの効果が出ているのかと、情報化投資の費用対効果の分析に取り組む動きもありました。原理としては、情報化によって向上した作業効率や削減した経費を足し合わせて（図5）、情報化にかかった費用と比較します。ただし、向上した作業効率を正確に把握することは、現実的にはなかなか困難です。

最近では、コンピュータ機器の価格性能比があがった（性能がアップし価格が低下した）ために、情報化投資の額は相対的に低下する傾向にありますが、情報化投資の費用対効果分析は、他の経費削減への取り組みと同様、企業活動にとって重要な要素であり、その取り組みは地道に続けられています。

図5　情報化投資

● システム監査

　情報技術の発展につれて、企業活動の中での情報システムの存在感はどんどん大きくなってきました。その結果、例えば情報システムがトラブルを起こすと、その会社の業務に大きな影響を及ぼすようになりました。場合によっては、その影響が社会にまで及ぶことにもなります。そこで、情報システムについてなんらかの評価をすることが必要になります。

　その場合、経済産業省が定めたシステム監査基準に従って、システム監査を実施します。この基準は、「情報システムの信頼性、安全性及び効率性の向上を図り、情報化社会の健全化に資するため、システム監査に当たって必要な事項を網羅的に」規定しています。

● 新しい課題

　情報技術の普及と進展によって大量のデータが蓄積され、それを活用することが活発になってくると、これまでには予想していなかったような状況も出てきます。個人のプライバシーを守るための個人情報保護法のような新しい法律も作られましたが、法制面の整備がなかなか追いつかないのが現状です。

　例えば、マーケティングの取り組みで、顧客管理として収集したデータが手違いで流出してしまう事件がときどき報道されます。情報技術の普及によって

コラム　AI と IoT

　今日は第3次 AI ブームであると言われています。AI とは Artificial Intelligence の略語で、人工知能と呼ばれます。2000 年代に入って、ニューラルネットワーク技術を発展させたディープラーニングの研究が進んだ結果、急速に実用化が進みました。今日では、ビジネス、医療、公共交通等、さまざまな分野で幅広く用いられています。

　モノのインターネット（IoT：Internet of Things）とは、すべてのモノがインターネットにつながり、データをやりとりする状態のことです。パソコンや

スマホだけでなく、家電製品や照明機器等もインターネットにつながります。

　IoT 機器によってやりとりされる膨大な量のデータは、収集されて「ビッグデータ」になります。AI の性能を上げるためには、大量のデータによる学習が必要であるとされています。この「ビッグデータ」が、まさに AI の学習のために用いられているわけです。したがって、AI と IoT は非常に緊密な関係にあるといえます。

情報収集が簡単になった分、よけいに注意する必要がでてきています。

また、企業ぐるみでソフトウェアの違法コピーをするなどという行為は、著作権侵害になります。また、近年ではコンピュータ・ウィルスに対する対策などのセキュリティについての意識も高めておかなければいけません。また、情報倫理についての適切な理解も欠かせません。

今後、企業にもそれから一人ひとりの個人にとっても、こうした新しい動向にも対処できるように、情報リテラシーを高める努力が求められています。

課題

この章のテーマをさらに深めるために

今日では、情報技術なしでの生活は考えられません。もしスマホがなかったら、皆さんの生活がどのように変わってしまうかを想像してみてください。あるいは、もしも今後メッセンジャー・アプリや SNS が使えなくなってしまったら、われわれの毎日の生活はどうなるでしょうか？　自由に想像してみてください。

今日の講義で先生は、漫才のスタイルで講義をやってみたいと言っていたけど、一度そんな授業を受けてみたいなあ。たしかに、1 時間半の講義時間中、ただ先生の話を聞くだけより、ボケと突っ込みのやり取りでメリハリがあった方が、印象には残るだろうな。なんかそうやって、特別なできごとに結びつけると、物事を記憶しやすいとも言っていたな。

ただ、あの先生、オヤジギャグが多くて、滑りやすいのが致命的かもな……。

その後のタカオくんは p.153

第13章 人生100年時代のセルフプロデュース —— 個人のあり方

今日は、就職課が開催するキャリアアップ・セミナーに参加します。そういえば最近、「人生100年時代」っていう言葉をよく聞くけど、これに関連した話とかもあるのかな？ それにしても、人の平均寿命っていつの間にか伸びていたんだね。知らなかった。

ジュンくん（2年生）

セミナー講師

……最後に付け加えますと、「人生100年時代」を迎えて、個人一人ひとりが自分の能力開発を考えることが求められます。これまでであれば、個人の能力開発は、会社の人事課が研修等を通じて面倒を見てくれていました。これからの時代は、自分の能力開発は自分でおこなう、いいかえると、セルフ・プロデュースの発想がますます重要になっていくことでしょう

注）平均寿命が延びた原因は、乳幼児やこどもの死亡率の改善、中高年の慢性疾患（心臓血管系疾病と癌）への対策が進んだこと、さらに、高齢にまつわる病気の克服がなされたこと、と指摘されています（グラットン他、2016）。

先生、質問があります。セルフ・プロデュースで能力開発を行うには、具体的にはどんなことから始めたらいいでしょうか？

ほほう、なかなか意識の高い学生さんですね。感心です

いや、それほどでも……

この章では、企業で働く個人のスキルアップや能力開発に関連する内容について説明します。順を追って読む必要はないので、興味を感じた項目から勉強してみてください

今日は「人生 100 年時代」といわれています。これは医療技術の進歩などによって、平均寿命が延びた結果です。平均寿命が延びた原因は、乳幼児や子どもの死亡率の改善、中高年の慢性疾患（心臓血管系疾病と癌^{がん}）への対策が進んだこと、さらに、高齢にまつわる病気の克服がなされたこと、と指摘されています（グラットン他、2016）。

「人生 100 年時代」を受けて、働く人達を取り巻く環境も変わりつつあります。多くの企業で、定年制度の延長が検討されています。また、これまで禁止されてきた副業を解禁する傾向にあります。

「人生 100 年時代」を迎えて、個人一人ひとりが自分の能力の開発を考えることが求められます。これまでであれば、個人の能力開発は、会社の人事課が研修などを通じて面倒を見てくれていました。これからの時代は、自分の能力開発は自分でおこなう、いいかえると、セルフ・プロデュースの発想がますます重要になっていくことでしょう。

この章では、企業で働く個人のスキルアップや能力開発に関連する内容について説明します。順を追って読む必要はありません。興味を感じた項目から学んでください。

1 パフォーマンス

「仕事ができる」とはどういうことでしょうか？　業務遂行能力の高さのことを、パフォーマンスが良いとかパフォーマンスが高い、という場合があります。これは仕事の出来映え（内容）もしくは仕事の出来高（アウトプット）をさしていて、前者は質を、後者は量を意味しています。いずれの場合においても、パフォーマンスを上げる、という意識を持って業務に取り組むことが重要です。

組織で仕事をおこなう際にパフォーマンスを上げるためには、次の2つのことが大切です。1つ目は、共同作業をおこなうことです。組織（会社）があるのは、そのためと言ってもいいでしょう。2つ目は、リーダーシップのあり方です。これら2つは、それぞれがともに影響し合っています。

共同作業は、共同で取り組まないと業務が達成できない場合や、共同で取り組んだ方が、業務効率が上がる場合に取り入れられます。また、集団で取り組んだ方が、個人でおこなうときよりも全体の業績があがる場合があります。こうしたことは、「集合効果によるボーナス」、あるいは「プロセス・ゲイン」と呼ばれています。

＊1　社会的手抜き
集団で作業をすると怠け心が発生し、一人で作業をするときより生産性が下がってしまう現象のこと。「リンゲルマン効果」とも呼ばれる。

＊2　ただ乗り
フリーライド（フリーライダーとも）。対価を負担することなくサービスなどの便益を受け取ること。電車の場合だと、キセル乗車と呼ばれます。古くは薩摩守という言い方もありました。また、ふるさと納税は行政サービスへのただ乗りであるという指摘もあります。

その反面、集団でおこなうことで、本来ならば達成できるはずのことができなくなる場合もあります。心理学者のルドルフ・スタイナー（1972）は、これを「プロセス・ロス」と呼び、その理由を、「社会的手抜き」＊1や「ただ乗り」＊2といった行為をメンバーがおこなうために発生すると説明しています。また、発言をためらったり、他人の発言が終わるのを待っている間にアイデアを忘れてしまったりという、生産性のブロッキング現象が起こるともいわれています。また、グループで意志決定をおこなうと、信じられないような質の低い意思決定を下してしまう「グループシンク」と呼ばれる現象もよく知られています。

リーダーシップについては、古くから研究がおこなわれてきました。リーダーシップの定義は多岐にわたっており、その研究内容もさまざまな立場からアプローチされています。ここでは、リーダーシップとは、「リーダーの人格的なスキルや人間性によって組織のメンバーに影響力を与え、組織全体の業務遂行に寄与すること」と定義しておきます。

さまざまなリーダーシップの考え方の中で代表的なものは、特性論と呼ばれるとらえ方です。このとらえ方は、リーダーシップとは生まれつき個人に備わっている資質であり、努力をしても開発して身につけることはできないとする立場です。言い換えれば、リーダーとなるべくして生まれた人だけが、優れたリーダーシップを把握できる、という考え方ですね。ただし、これまでの研究では、優れたリーダーシップを発揮するためのこれといった特性は、まだ見つかっていないようです。

組織におけるリーダーシップの役割は、個人のパフォーマンスを高めることです。また、上記の「社会的手抜き」や「ただ乗り」を防ぐことによって、組織全体のパフォーマンスを高めることも期待できます。それ以外に、個人や組織に対して方向性を示すことによって、パフォーマンスを上げることが期待されます。こうしたリーダーシップについては、ビジョナリー・リーダーシップと呼びます。

最後に、リーダーシップに関して、サーバント・リーダーシップとオーセン

コラム　リーダーシップ vs マネジメント

リーダーシップは、複数の人間の動機付けが大きな要素となります。影響力が自発的に湧き出るイメージです。リーダーの人間性によって人を動かす、といえるでしょう。

それに対してマネジメントは、組織的な権威が大きな要素となります。目的を達成するために、どのような手段を用いるかを計画するイメージです。地位による権限や組織の規則によって人を動かすことであるといえるでしょう。

ティック・リーダーシップという2つの新しいシーダーシップの考え方を紹介します。サーバント・リーダーシップとは、従来のリーダーシップのイメージを180度ひっくり返すような考え方です。この考え方によると、「リーダーである人は、まず相手に奉仕し、その後相手を導くものである」と定義されています。サーバントとは「奉仕する人」というような意味です。従来のリーダーシップのイメージが、先頭に立って引っ張っていくものであるとすれば、サーバント・リーダーシップは、後ろから押す感じ、といえるでしょう。

オーセンティック・リーダーシップは、リーダーが自分の価値観や考えを正直に開示することによって発揮されます。オーセンティックとは、「本物の」や「信頼できる」というような意味です。「真のリーダーシップ」であるとして注目されています。オーセンティック・リーダーシップに接した部下たちは、リーダーを信頼し熱狂的な支持を示します。その結果として、個人やチームのパフォーマンスが著しく改善されることが期待できます。

今後、労働環境の変化や私たちの価値観などの変化につれて、新しいタイプのリーダーシップ論が生まれてくることでしょう。

2 モチベーション

客先を訪問しなければいけないけど、気が進まない。締め切り間際にならないと、報告書の作成に手が付かない。朝起きても寝床からなかなか起き上がれない。日曜日の夜は憂鬱になってしまう、等々。私たちは、やる気が起きなくて困る場合があります。そうしたときには、精神論でなんとか乗り越えようとしても、なかなか思うようにはいかないものです。それよりも、やる気が起こるための動機付け（モチベーション）の理論について知っておくことで、有効な対処ができるようになるでしょう。

動機付け（motivation）とは、「人が一定の目標に向かって行動を開始し、それを維持すること」と定義されます。人の動機付けの背景には動因と誘因があります。動因とは人の内部にあって人の行動を引き起こすものです。欲求ともいいます。誘因は外部から人の行動を誘発する要因です。これらの要因をまとめて説明したものが、マズローによる欲求階層説です。マズローは生理的な一次的欲求と心理社会的な二次欲求を階層的に分類して整理しています。

モチベーションは、誘因に対する2つの異なった考え方（Incentive Theory）によって説明されています。1つ目は内発的動機付け（intrinsic motivation）と呼ばれるものです。これは個人の内部に生じる欲求で、その

図1 マズローの欲求階層説

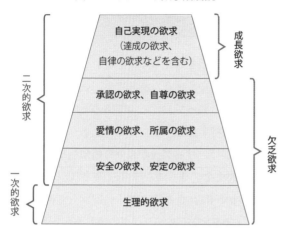

- 自己実現の欲求（達成の欲求、自律の欲求などを含む）
- 承認の欲求、自尊の欲求
- 愛情の欲求、所属の欲求
- 安全の欲求、安定の欲求
- 生理的欲求

二次的欲求 / 一次的欲求 / 成長欲求 / 欠乏欲求

活動自体から生じる固有の満足をもとめるものです。もう1つは、外発的動機付け（extrinsic motivation）です。これは個人の外部から誘因となる報酬を与えて動機付けを高めるものです。

内発動機付けは、社会人として働く私たちにとって特に重要です。最近では、従業員の会社に対する強い意欲のある状態として、エンゲージメントが注目されています。エンゲージメントは、これまで従業員満足（Employee Satisfaction：ES）などと呼ばれてきました。内発的動機付けは、このエンゲージメントの発露に大きく影響しているといわれています。

では、なぜ人はモチベーションが下がったり、やる気が出なくなったり、無気力な状態になったりするのでしょうか。それを説明するのが、学習性無力感と呼ばれる考え方です。学習性無力感は、自分で状況をコントロールできないと感じたときに起こります。私たちも、自分の努力や頑張りが報われない場合には、どうせ努力しても変わらないと考えて、やる気がなくなったりします。私たちは、自分で状況をコントロールできるという実感や自信があるときに、モチベーションを維持することができるのです。

3　やり抜く力

仕事がよくできる人、すぐれた業績を達成できる人は、どこが優れているのでしょうか。生まれつきの才能でしょうか、それとも個人の努力のたまものでしょうか。才能と努力に次ぐ第三の資質として、「やり抜く力」が重要であると指摘する人もいます。ここでは、物事を達成するための個人の資質について考えてみましょう。

人がパフォーマンスを高め業績を上げるために、必要なものを1つあげるとすれば何を思い浮かべるでしょうか。多くの人は、個人の能力をあげると思います。個人の能力といえば、記憶力や論理的思考能力、想像力といったいわゆる頭の良さが思い浮かびます。芸術家の場合には、生まれつきの才能に相当するでしょう。スポーツ選手であれば、身体能力の高さが必須であることには、誰も異存はないでしょう。しかしながら、こうしたいわゆる「普通の能力」以

外の能力として重要視されているのが、「やり抜く力」です（ダックワース、2016）。

私たちは、普段からよく次のような発言をしたり、聞いたりします。

「あきらめるな」「最後までやり続けるときっと夢がかなう」

また、例えば格言にも、次のようなものがあります。

「石の上にも三年」「七転び八起き」

このように、忍耐力、あるいは努力を継続することの大切さについては、私たちも十分に認識しています。つまりそれが「やり抜く力」です。

「1 万時間の法則」と呼ばれるものがあります。一流の芸術家やアスリートたちがスキルを習熟するためには、最低でも 1 万時間の練習が必要であるという説です。こうした点からも、「やり抜く力」が不可欠な資質であることがわかります。

優れた業績を達成するためには、才能があるだけでは不十分です。才能は一定期間継続することによって、スキルとなります。さらに、そのスキルを一定期間継続することによってはじめて、目標を達成することができると、ダックワース氏は主張しています。

やり抜く力を身につけるためには、次の 4 つの要素が重要だとされています。それは、**興味、練習、目的、希望**です。

まず、**興味**については、自分のやっていることを心の底から楽しむことが重要です。場合によっては嫌なことを我慢することが必要な場合もあります。そんなときでも、目標に向かって努力することに喜びや意義を感じている必要があります。

練習についての重要性はいうまでもないでしょう。何事においても、自分の弱点を意識して、それを克服するための練習が必要です。また、単に漫然と練習をするのではなく、意識を高めた「限界的練習」（deliberate practice）が大切だと説く人もいます。

自分の仕事が重要であるという信念があってこそ、やる気が起こります。自分が楽しく感じるということだけではなく、他の人や社会に役立つと思えるこ

コラム　人の意欲は U 字曲線

仕事やプロジェクトの途中で、どうしても調子が出ない、やる気が起こらないということが、よくあります。いわゆるスランプ状態です。ある調査によって、人は中盤時点になると手を抜きやすくなることがわかっています。どうやら人の意欲は、期間の中盤当たりで低下する傾向があるようです。仕事のペース配分を考えるときにこうしたことを知っておくと、締め切り間際になって時間が足らなくて焦る、ということを避けることができるかもしれません。

図2 「達成」を得るには「努力」が2回影響する

スキル×努力＝達成

才能×努力＝スキル

とが重要です。そうした想いが、強い目的意識につながります。

最後の要素が希望です。物事をやり遂げる上で、困難にぶつかることはよくあることです。そうした場合に、やり遂げることができるという希望は、粘り強さを生み出します。こうした前向きな考え方は、ポジティブ・シンキングの発露であるといえます。やり抜く力が強い人は、ポジティブ思考の人が多い

コラム　GRIT とは

やり抜く力のことを GRIT（グリット）と呼ぶ場合もあります。GRIT は、以下の4つの単語の頭文字を取っています。

Guts（度胸）、**R**esilience（復元力）、**I**nitiative（自発性）、**T**enacity（執念）

それぞれが、勇気を持って物事にとり組み、逆境のときにも耐え忍んで立ち上がり、自分から主体的に、最後まで粘り強く努力を続ける、という状態を表しています。

GRIT テスト	GRIT テストを試してみましょう！	とてもよくあてはまる	よくあてはまる	まああてはまる	あまりあてはまらない	まったくあてはまらない
	https://angeladuckworth.com/grit-scale/					
1	私はときどき、新しいアイデアやプロジェクトによって、それまでのアイデアやプロジェクトから興味を失うことがある。					
2	私は挫折しても落胆しない。私は簡単にあきらめません。					
3	私はある目標を設定したあとに、別の目標に切り替えることがよくある。					
4	私はハードワーカーです。					
5	完成までに数ヶ月以上かかるプロジェクトに、集中力を維持することが困難です。					
6	始めたことは、何であっても最後までやり遂げます。					
7	私の興味は、毎年のように変わります。					
8	私は勤勉です。私は決してあきらめません。					
9	私は特定のアイデアやプロジェクトに夢中になっても、すぐに興味を失いやすい。					
10	私は重要な挑戦を達成するために挫折を乗り越えたことがあります。					

と指摘されています。また、やり抜く力が強い人は、幸福感が高いことも指摘されています。これは、ポジティブ思考の人は幸せであるとする、ポジティブ心理学の考え方と整合性がとれています。

4　機械学習と統計スキル

今日、AI（人工知能）についての話題を聞かない日はありません。2000 年代に入って、ニューラルネットワーク技術を発展させたディープラーニングの研究が進みました。その結果、今日は第 3 次 AI ブームであるといわれています。人工知能の元となっているものは、機械学習と呼ばれる手法です。

＊3　協調フィルタリング
蓄積した多数の消費者の嗜好データの中から、ある消費者の嗜好に似ているデータを集計・分析し、それを用いて商品やサービスを推奨します。ビッグデータ時代ならではの、機械学習の応用事例といえるでしょう。

＊4　アソシエーション分析
ある消費者の過去の購買履歴データを蓄積し、購買パターン（頻度、時期等）を分析します。その結果、合わせ買いの可能性の高い商品を推奨します。

　機械学習とは、簡単にいえば、データを用いて機械（コンピュータ）に学習させる統計的な手法のことです。コンピュータが学習する内容は、物事を判別するための基準やルールです。学習したルールを用いて、分類や予測に用います。現在多く用いられているのは、商品の推薦提案です。その場合、購買履歴を元にした協調フィルタリング[＊3]や顧客属性を元にしたアソシエーション分析[＊4]などがあります。

　機械学習をおこなうためには、データが必要となります。今日では大量のデータが Web 上に蓄積されています。そうしたデータは、個人の購買履歴やクレジット・カード等の個人情報、Web ページの検索履歴や SNS における交友記録等、多岐にわたります。こうしたデータのことを総称してビッグデータと呼んでいます。

　機械学習を学ぶためには、基本的なプログラミングスキルの習得も必要になるでしょう。2020 年より小学校教育において、プログラミング教育が必修化

コラム　市販のソフトは高価

　統計の勉強をした後、実際にデータの分析をするためには、統計パッケージを利用すると捗ります。有名な統計パッケージには、SPSS や SAS、STAT などがあります。しかしながら、こうした市販の統計用パッケージは高価です。そこで便利なのが、オープンソース系（無料）の統計ソフトウェアです。

　統計分析をする場合には、R というソフトウェアがおすすめです。関連書籍も多く出版されているの

で、手軽に始められます。機械学習用には Python がおすすめです。Python には多くのライブラリが整備されており、統計処理用のライブラリもあります。また、ニュージーランドのワイカ大で開発された Weka は、GUI ベースで使いやすい機械学習用パッケージです。フリーソフトとは思えないほど豊富な機能を備えています。

されます。その背景には、論理的思考やアルゴリズム[*5]的な考え方を身につけることが重要であるという判断があります。今の時点ではコンピュータがプログラミングスキルを獲得することは、難しいとされています。ビジネスパーソンにとってプログラミングスキルは、AI全盛の時代に人間に残された貴重な領域であるといえるでしょう。

　従来から、ビジネスパーソンの必須スキルとして統計スキルの重要性は指摘されてきました。機械学習も統計的手法の1つですから、これからも統計スキルの重要性は、以前にも増して大きくなっていくことでしょう。この本では、統計学の中身について詳しいことは省略しますが、1つだけ大切なことを強調しておきます。それは、データを元に意思決定を下すという態度です。

　データを元に意思決定を下す態度のことを、エビデンスベースト・アプローチといいます。日本語にすると、「科学的根拠に基づいた」というような意味合いです。もともとは、データを元に有効な医療方法を考える態度で、医療分野で用いられるようになった用語です。

　私たちは、意思決定する際に、自分の感情や思い込み・偏見に左右される場合があります。上司など立場の強い人や影響力の大きい人の意見に引きずられる場合があります。また、状況が複雑で正解がわからないという局面にも、しばしば直面します。そうした際にエビデンスベースト・アプローチを意識することによって、対立する意見や代替案の中でどちらが正しいのか、客観的に判断することができるようになります。

コラム　幸福度ランキング

　国連の関連団体が公表した、2019年度世界幸福度ランキングの結果は下記の通りです。

　1位は2年連続でフィンランドでした。トップ10のうち半数を北欧諸国が占めています。日本は、前年度の順位から4つ下げて全156カ国中58位でした。

2019年度世界幸福度ランキング トップ10	「幸福度ランキング」過去5年の日本の順位
①フィンランド	2019年 58位（全156カ国中）
②デンマーク	2018年 54位
③ノルウェー	2017年 51位
④アイスランド	2016年 53位
⑤オランダ	2015年 46位
⑥スイス	
⑦スウェーデン	
⑧ニュージーランド	
⑨カナダ	
⑩オーストリア	[The World Happiness Report]　http://worldhappiness.report/

5 ポジティブ心理学

人の性格はさまざまです。とても積極的な人もいれば、消極的な人もいます。楽観的な人もいれば、悲観的な人もいます。仕事ができる・できないということと、個人の性格の間には、あまり関係がないように思われます。しかしながら、最近の心理学によると、私たちの楽観的な側面と仕事のパフォーマンスには密接な関係があることがわかってきました（これをポジティブ心理学といいます）。

ポジティブ心理学は、私たちの生活における幸福度やウェルビーイング（よりよい生き方）のあり方について研究する学問です。従来の心理学は心の病という負の側面を解明しようとするものでした。そして、心の病に伴う苦痛を和らげたり、症状を治癒したりといった方向で発展してきました。それに対してポジティブ心理学は、私たちの潜在的な能力に焦点をあてます。そして、私たちの人生に価値を見いだそうとする学問です。

ある調査によれば、ポジティブ（楽観的）な人の方が、営業成績が優れているそうです。その調査では、楽観性を測るテストを実施しました。テスト結果の上位 10％の販売員と、下位 10％の販売員の売上げを比較したところ、上位の販売員の方が下位の販売員よりも 88％も売上が高いことが判明しました。ただし、楽観的すぎてもよくないようです。理想的な割合は楽観的：悲観的が 3：1 で、そのときにもっとも生き生きとした人生を送ることができるといわれています。

幸福は、ポジティブ心理学が扱う中心的なテーマです。人類は古くから幸福についての研究を行ってきました。古くはギリシア時代の哲学に遡り、幸福の追求が人生の最大の目的である、とされてきました（⇒コラム「幸福の研究を始めたのは」）。ハーバード大学のエイカー教授の調査によれば、人は成功するから幸福なのではなく幸福な人が成功する、という結果が明らかにされています。

最近では、ポジティブ心理学の中心テーマは、幸福よりもウェルビーイング

コラム　幸福の研究を始めたのは

アリストテレスに『エウデモス倫理学』という著作があります。その中でアリストテレスは、人間のあらゆる活動は、幸せになるためにあると論じています。こうした考え方は一元論と呼ばれます。一元論とは、人間のあらゆる動機が、最終的には 1 つのものに帰着するという考え方です。一元論は、今日のように複雑な社会環境においては、少し単純すぎる見方であるといえます。

が中心テーマであるとされています。ポジティブ心理学を創設したセリグマンは、幸福度は約70%が測定時の感情に左右されるので、幸福感を最終目標にすることはふさわしくないとしています。そして、幸福の代わりにウェルビーイングを追求することが望ましいと主張しています。幸福は測定できる対象であるのに対して、ウェルビーイングは構成概念（コンストラクト）です。人の感情の背景にあって、直接測定できない潜在的要因ということになります。ウェルビーイングを生成するのが次の5つの要素で、頭文字をとってPERMAと呼ばれています。

ポジティブ感情（P：Positive Emotion）	幸福感や人生に対する満足度から測定する。
エンゲージメント（E：Engagement）	物事に没頭している、没我状態にある。フローともいいます。
関係性（R：Relationship）	他人と有意義で良好な関係を構築できているか否か。
意味・意義（M：Meaning）	自分のためではなく、より高い次元の目的や理念のために行動しているという意識。
達成（A：Achievement）	物事を成し遂げるために、努力を継続すること。

この章では、個人のスキルアップや能力開発に関連する内容について説明しました。これまでのスキルアップといえば、新しい知識を習得することに主眼が置かれていました。しかしながら、知識面でのスキルアップは、日々更新するのは当たり前です。これからは、おもにメンタル面でのスキルアップについて、一人ひとりが意識的に取り組むことが重要になるでしょう。

今日のセミナーは面白かったな。それとセミナー講師が言ってたんだけど、これからは、多くの企業で副業を解禁する傾向があるというのも興味深かった。就職しても勉強を続けて、何か副業をやりたいな。今は、インターネットでいろいろとビジネス展開ができるらしいから、今のうちに準備をしておくか。あとSNSで知り合いのネットワークを拡げておくことも必要かもしれないな。起業についても勉強してみようかな。なんか大学の講義よりも、こういったことを考えてる方が楽しいな。自分ってやっぱりちょっと意識高い系なのかな。

その後のジュンくんは p.153

第14章 グローバル時代にふさわしい企業とは —— 企業のあり方

今日のゼミはいつもと違って、外部のゲストスピーカーによる講話です。テーマは「これからの企業のあり方」だって。先週のゼミで配布された資料によると、コーポレートガバナンスやコンプライアンスなどについても触れるとありました。それにしても、経営学の新しい用語って、なんでこんなに英語が多いんだろう？

ショウくん（1年生）

ゲストスピーカー

さまざまな利害関係者（ステークホルダー）の利益・思惑についても配慮して経営する必要があります。また、近年になって出てきた新しい概念などにも留意することが重要です。旧態依然のままの意識で、企業経営をおこなうことは危険です。たとえばハラスメント問題です。今日では、セクシャル・ハラスメントやパワー・ハラスメントなど、以前はあまり問題とされてこなかったことが、大問題に発展することがあります

私が新入社員の頃は、今考えるとセクハラやパワハラのオンパレードでしたね

ゼミの教員

そうですね、今から考えると昔は結構やりたい放題でしたね。昭和の頃は、大手洋酒メーカーがヌードカレンダーを景品に配っていた、なんてこともありましたね

上司は結構厳しく部下を叱責したりしていましたね。「それくらいの仕事ができないのなら、やめちまえ」くらいはよく言われたものです

そうですね。「厳しい上司がいい上司」みたいな感じがありましたね。今でいう「ブラック企業」が多すぎましたね

バブルの時代もいいことばかりじゃなかったってことか

この章では、これからの企業のあり方について学びます。これからの企業は、自社の利益を追求するだけでは成り立ちません。さまざまな利害関係者（ステークホルダー）の利益・思惑についても配慮して経営する必要があります。また、近年になって出てきた新しい概念などにも留意することが重要です。旧態依然のままの意識で、企業経営をおこなうことは危険です。

　例えば、ハラスメント問題です。今日では、セクシャル・ハラスメントやパワー・ハラスメントなど、以前はあまり問題とされてこなかったことが大問題に発展することがあります。あるいは、企業の持続可能性を考慮しない成長の追求は、今後社会から、信じられないような行為として認識されるようになるかもしれません。

1　持続可能な開発目標（SDGs）

従来、多くの企業では成長が追求されてきました。二桁成長（Double-Digit Growth）のような経営目標が、企業経営の現場で声高に叫ばれていました。しかし近年になって、持続可能な開発目標が提唱されるようになりました。これからの企業活動との関係や影響について学びましょう。

　2015 年に国連総会で「持続可能な開発のための 2030 アジェンダ」が採択されました。SDGs はその中で掲げられた、持続可能な開発目標（Sustainable Development Goals）です。2030 年を到達のゴールとして 17 の目標と、対応する 169 のターゲットが規定されています。

図1　SDGs 17 の目標

1.　貧困をなくそう	10.　人や国の不平等をなくそう
2.　飢餓をゼロに	11.　住み続けられるまちづくりを
3.　すべての人に保健と福祉を	12.　つくる責任つかう責任
4.　質の高い教育をみんなに	13.　気候変動に具体的な対策を
5.　ジェンダー平等を実現しよう	14.　海の豊かさを守ろう
6.　安全な水とトイレを世界中に	15.　陸の豊かさも守ろう
7.　エネルギーをみんなに、そしてクリーンに	16.　平和と公正をすべての人に
8.　働きがいも経済成長も	17.　パートナーシップで目標を達成しよう
9.　産業と技術革新の基盤をつくろう	

SDGs の基本理念は、「誰一人取り残さない」（No one will be left behind）という言葉に込められています。途上国の貧困や格差のない社会を実現することです。先進国の経済発展を見直し、経済格差や不平等を解消し、持続可能な成長を追求しようとするものです。

SDGs が提唱されるようになった背景には、いくつかの要因が存在します。一番大きな要因は、地球システムの限界です。人間の活動が、地球の環境に大きな影響をおよぼしていることがあげられます。地球温暖化問題や温室効果ガス、フロンガスによるオゾン層の破壊といった憂慮すべき事態が、以前から指摘されています。地球環境を破壊しない範囲の活動であれば、持続可能な成長が実現できると考えられます。

SDGs の 17 の目標をわかりやすく分類した 5 つの P というものもあります。5 つの P とは、人間（People）、地球（Planet）、豊かさ（Prosperity）、平和（Peace）、パートナーシップ（Partnership）のそれぞれの頭文字から来ています。

図2　5つのP

人間（People）

あらゆる形態と次元の貧困と飢餓に終止符を打つとともに、すべての人間が尊厳を持ち、平等に、かつ健全な環境の下でその潜在能力を発揮できるようにする（目標 1 〜 6）。

地球（Planet）

持続可能な消費と生産、天然資源の持続可能な管理、気候変動への緊急な対応などを通じ、地球を劣化から守ることにより、現在と将来の世代のニーズを充足できるようにする（目標 12 〜 15）。

豊かさ（Prosperity）

すべての人間が豊かで充実した生活を送れるようにするとともに、自然と調和した経済、社会および技術の進展を確保する（目標 7 〜 11）。

パートナーシップ（Partnership）

グローバルな連帯の精神に基づき、最貧層と最弱者層のニーズを特に重視しながら、すべての国、すべてのステークホルダー、すべての人々の参加により、持続可能な開発に向けたグローバル・パートナーシップをさらに活性化し、このアジェンダの実施に必要な手段を動員する（目標 17）。

平和（Peace）

恐怖と暴力のない平和で公正かつ包摂的な社会を育てる。平和なくして持続可能な開発は達成できず、持続可能な開発なくして平和は実現しないため（目標 16）。

国際連合広報センター：SDGs を広めたい・教えたい方のための「虎の巻」より

コラム　フェアトレード

SDGs によく似たものに、フェアトレードの取り組みがあります。これは、途上国の犠牲の上に成り立っていた従来の国際取引を改め、公正な国際取引を実践しようという取り組みです。有名な企業では、スターバックス社がいち早くフェアトレードの取り組みを標榜し、企業活動に取り入れています。

その一方で、Apple 社やユニクロで有名なファーストリテイリング社など、海外製造下請け工場での劣悪な労働環境を指摘されるケースも起きています。

ではなぜ、企業がSDGsに取り組む必要があるのでしょうか。SDGsと企業活動の関係について見てみましょう。

まず第1に、持続可能性という視点は、長期的な視点を企業に提供します。長期的な視点は、短期的な収益性や業績にとらわれがちな企業にとって、非常に有効な視点となります。

第2に、各種ステークホルダーとの間に、良好な関係を構築できます。社会への貢献を通じて、消費者からの好感度を獲得することができます。従業員にとっても立派な企業で働いているという誇りから勤務意欲が充実します。取引先からも信頼されるでしょう。

第3に、関連新規事業の機会が見つかる可能性があります。環境問題、健康問題、教育や食料分野等の幅広い社会的な課題に対して解決策を提供することで、新しい事業機会が生まれます。

第4に、投資家との関係があります。これまで企業には、自社の情報開示に関して、売上高や利益といった財務情報の提供が求められていました。昨今の投資家は、財務情報以外の情報の開示を求めるようになっています。そうした非財務情報の開示に基づいて、企業に対する投資を考慮する気運が世界的に広がっています。つまり、投資家のESG投資の流れが生まれてきています。ESG経営については、別の節で詳しく解説します。

2 社会的責任（CSR）

企業は社会的存在であるといわれています。社会の中で存在することによってはじめて、企業活動は成立します。反社会的な企業は法律的にも社会的にも罰せられ、存続することは難しいでしょう。企業の社会的責任とは、そうした社会的な存在としての、企業のあり方について問いかけています。

CSRという用語は、Corporate Social Responsibilityの頭文字です。当初は「企業の（Corporate）」がつけられていました。最近では、企業以外のあらゆる組織にあてはまるという考えから、単に社会的責任（Social Responsibility）という用語が使われています。日本国内では、慣行上そのままCSRが使われています。最新のISO文書[*1]による社会的責任の定義は、以下のようになっています。

「社会的責任（SR）は、以下のような透明で倫理的な行動を通じて、組織の決定と活動が社会と環境に与える影響に対する組織の責任です：

◆社会の健康と福祉を含む持続可能な発展に貢献する。

◆利害関係者の期待を考慮に入れる。

◆適用法を遵守しており、国際的な行動規範と一致している。

◆組織全体に統合され、その中で実践されている。」

社会的責任をはたすためには、以下の 7 つの原則があります。7 つの原則とは、社会的責任に取り組む上での、基本的な態度・姿勢です。

7 つの原則

① 説明責任：組織の活動が外部に与える影響を説明する。

② 透明性：組織の意思決定や活動の透明性を保つ。

③ 倫理的な行動：日々の活動を倫理的（正直、公正、高潔）におこなう。

④ ステークホルダーの利害の尊重：さまざまなステークホルダーの利害を考慮する。

⑤ 法の支配の尊重：各種法令を尊重し順守する。

⑥ 国際行動規範の尊重：法律だけでなく、国際的に通用している規範を尊重する。

⑦ 人権の尊重：人権の重要性と普遍性を認識し尊重する。

ここで、ステークホルダー（利害関係者）とは、消費者、従業員、投資家など、および社会全体を指します（⇒コラム「近江商人の教え」）。

また、社会的責任には、7 つの中核主題があげられています。中核課題とは、CSR の具体的な活動内容といえます。

7 つの中核主題

① 組織統治：組織が意思決定や行動を行う場合の仕組みを構築する。

② 人権：社会的弱者にも配慮し、すべての人が差別を受けないこと。また、人権侵害の共犯になることを避ける。共犯関係からの利益を享受しないこと。

③ 労働慣行：誰もが労働の自由を通じて、生活資金を稼ぐことができるようにすること。

④ 環境：環境汚染を防ぐ。大気、水、土壌への汚染物質の排出をできるだけ

お笑いで有名な吉本興業が国連とタイアップして、YouTube で動画を公開しています。お笑いの世界にも持続可能性が求められるようになるでしょうか？

コラム　近江商人の教え

　古くから近江商人の教えとして、「三方よし」の考え方があります。「売手よし、買手よし、世間よし」というもので、ここでの三方が、ちょうど、ステークホルダー（利害関係者）と同じような意味を持っています。利害関係者とは、一般に消費者、従業員、企業、投資家、および社会全体など、さまざまです。ここでの三方は、売手としての企業、買手としての消費者、それ以外の関係者としての世間に該当します。

減らす、グリーン調達を実践するなど、環境問題に取り組むこと。

⑤ 公正な事業慣行：取引先などに対して、贈収賄などの不公正取引や優越的地位の濫用をしない。

⑥ 消費者課題：消費者に害をおよぼさないこと。また消費者の消費行動が社会に害をおよぼさないこと（省パッケージなど）。

⑦ コミュニティへの参画およびコミュニティの発展：コミュニティ活動への参加を通じて、地域住民との対話を心がける。雇用の創出などを通じて、コミュニティの発展に貢献すること。

では、組織（企業）が社会的責任に取り組む理由はどこにあるのでしょうか。社会的責任に取り組むことで、会社が儲かるようになるのでしょうか。それとも、社会的責任はお金のかかる慈善事業に過ぎないのでしょうか。社会的責任に取り組む理由としては、以下の２つがあるでしょう。

第１に、社会に対する組織の倫理的な配慮があります。社会的存在としての企業ということを考えた場合に、環境問題や人権問題に配慮したい、コミュニティに貢献したい、という動機は、きわめて自然なものであると考えられます。

第２に、社会的責任活動を実践することを通じて、最終的にはそれが会社の利益に結びつくと考えられます。従来から、ソーシャル・マーケティングやコーズマーケティング（もしくはコーズリレーティッド・マーケティング）という概念があります。これらは、企業のマーケティング活動で、社会との関係を重視したり、特定の商品の購入が社会貢献に結びつく（環境保護など）ことをめざしたりする活動です。また、社会的責任に取り組むことによる企業イメージの向上が、最終的には消費者の自社製品の購入増加につながる、という本音もあります。

ただし、フィランソロピーやメソナといった、いわゆる社会貢献活動（寄付、ボランティア活動など）は、社会的責任とはみなされていない点に注意が必要です。先に述べた、社会的責任の７つの中心課題にも、社会貢献活動は含まれていません。

企業（組織）にとっての社会的責任について学んできました。企業（組織）は個人の集合体ですから、社会的責任を実践するためには、究極的にはひとりひとりの倫理的価値観が求められる、といえるでしょう。これからのビジネスパーソンには、健全な倫理的価値観を身につけておくことが必須となるでしょう。そのためには、幅広い教養と知識を身につける、リベラルアーツ教育の重要性が、今後再評価されるでしょう。

3　ESG 経営

ESG 経営の背景には ESG 投資があります。ESG とは、環境（E：Environment）、社会（S：Society）、ガバナンス（G：Governance）の頭文字です。それぞれの内容について留意した経営を行うことが ESG 経営です。

　　企業は社会に対する説明責任を実行するために、企業の状況を報告します。その際に、財務情報と非財務情報という分け方があります。これまでは、財務情報の分析を通じて、企業の実態を把握しようとしてきました。財務情報とは、財務三表とよばれる、損益計算書、貸借対照表、キャッシュフロー計算書が中心となります。しかし最近ではそれ以外に、企業理念やビジネスモデル、経営戦略、コーポレートガバナンスといった非財務情報の開示が、企業に求められるようになってきました。こうした非財務情報を評価するための枠組みが、ESG による評価です。

　　ESG 評価について、それぞれの項目を見てみましょう。まず、環境評価とは、環境課題への取り組み状況を評価します。次の社会評価では、従業員などの株主以外の利害関係者（ステークホルダー）との間で対話が行われているか、また良好な関係が構築できているかを評価します。最後に、ガバナンス評価では、株主との対話や企業経営への適切なモニタリングなど企業統治が行われている状況を評価します。ESG 評価は、これらの 3 つの視点からの評価を通じて、企業の将来の業績に与える影響度合いを評価しようとするものです。

　　ESG 経営の背景にあるのが、ESG 投資の考え方です。今日において、企業が長期的な成長を実現するためには、ESG への取り組みが必要だという認識が世界的に広まっています。その反面、ESG への意識が低い企業は、大きなリスクを抱え、長期的な成長が期待できない企業であるとみなされてしまいます。ESG 投資とは、機関投資家が、従来の財務情報だけでなく、ESG も考慮して投資先を選択する手法のことです。企業経営者が ESG 経営を実践するの

コラム　ESG と SRI

　ESG 投資の考え方の前には、SRI（社会的責任投資）という概念が注目されていました。SRI は ESG と似ていますが、微妙にその目的が違っていました。SRI では企業の CSR（社会的責任）活動への評価を行い、CSR に積極的な企業を応援するために投資しようとしていました。CSR の普及をめざした取り組みだったわけです。今日では、企業の実態を判断するためのより広範な視点である ESG 投資が主流になっています。

は、こうした機関投資家の存在があるからです。

　最後に、ESG 投資の流れを裏付けるもととなった、責任投資原則（PRI）について簡単に説明しておきましょう。責任投資原則（PRI）とは、2006 年に当時の国際連合事務総長であるコフィー・アナン氏が金融業界に対して提唱したイニシアティブ（発案事項）です。その内容は、機関投資家の意思決定プロセスに ESG 課題（環境、社会、企業統治）への評価を反映させるべきとした世界共通のガイドラインです。このガイドラインを受けて、例えば、年金の運用をおこなっている年金積立金管理運用独立行政法人（GPIF）では、ESG 投資の取り組みを表明しています。その際に、SDGs との関連についても説明しています。

4　働き方改革

　数年前から就職活動をする学生の間では、労働条件の劣悪な企業のことを「ブラック企業」と呼ぶことが広まっていました。長時間労働から病気になったり、亡くなってしまう人も増えています。こうした過労死は、そのまま Karōshi という英語になって広まっています。これからの人生 100 年時代に、私たちの働き方はどうなるのでしょうか。

　今日の日本の社会では、企業における個人の働き方が問われています。長時間労働の結果生じる、過労死や過労自殺が急増し、大きな社会問題となりました。2014 年には「過労死等防止対策推進法」が制定されました。その結果、これまでのように、企業が従業員に対して、がむしゃらな長時間労働を強いる、といったことは社会的にも容認されなくなりつつあります。しかしながら、2015 年には、最大手広告代理店勤務の社員が過労自殺する事例が発生し、世間の耳目を集めました。その一方、長時間労働の割には、日本人の生産性が低いという調査結果が発表されています。

　第 3 次安倍内閣は、2015 年に提唱した成長戦略の一環として「一億総活躍社会」構想を公表しました。「一億総活躍社会とは、老若男女みんなが個性と多様性を尊重されて活躍し生きがいを感じることができる社会のことです。そのためには、働き方改革が重要であるとされました。働き方を改革することによって、労働生産性の向上や、就業機会の拡大や意欲・能力を存分に発揮できる環境を作ることが、重要な課題となっているわけです。」（厚生労働省のホームページより）[2]

*2　厚生労働省「働き方改革」の実現に向けて

　働き方改革については、2019 年より働き方改革関連法が段階的に施行されます。働き方改革関連法は日本法における 8 本の労働法の改正を行うための法律の通称です。8 本の法律とは、①労働基準法、②じん肺法、③雇用対策法、④労働安全衛生法、⑤労働者派遣事業の適正な運営の確保及び派遣労働者の保護等に関する法律（労働者派遣法）、⑥労働時間等の設定の改善に関する特別措置法（労働時間等設定改善法）、⑦短時間労働者の雇用管理の改善等に関する法律（パートタイム労働法）、⑧労働契約法、です。

　働き方改革が主張されるようになった背景には、今日のわが国が、次のような状況に直面しているという問題意識があります。まず、少子高齢化に伴う生産年齢人口の減少です。2019 年時点ですでに、多くの産業・業界において人手不足が深刻化しています。次に、育児や介護との両立など、働く人のニーズの多様化があります。これまでの勤務形態にとらわれずに柔軟に対応することが求められています。

　働き方改革関連法案の内容は、①生涯現役社会、②労働時間、③賃金、の 3 つの柱があります。具体的な項目としては、雇用継続や定年の延長、高度プロフェッショナル制度や裁量労働制の導入、年次有給休暇の取得義務、労働者の健康と産業保健制度の充実化、同一労働同一賃金の実現、パート・有期雇用者に対する必要な措置、派遣労働者の均等待遇の確保、賃金水準の引き上げと最低賃金制度の見直し、などが規定されています。

5　コーポレートガバナンス

　会社は誰のものでしょうか。それを考えることは、コーポレートガバナンスを考える場合に重要です。ガバナンスとは統治という意味です。関連して、コーポレートガバナンス・コードやスチュワードシップ・コードなどについても学んでおきましょう。

コラム　労働とは

　労働という言葉は、Labour という言葉の訳語として明治時代に作られたそうです。西欧では、Labour は奴隷がおこなう職務内容のことを指すそうです。したがって、労働といえば、からだに鞭をうって生産性を上げることを目的とした働き方がイメージされるそうです。働き方改革に先だって、労働に変わる新しい用語を考える必要があるかもしれません。

図3　コーポレートガバナンスの基本的な枠組み

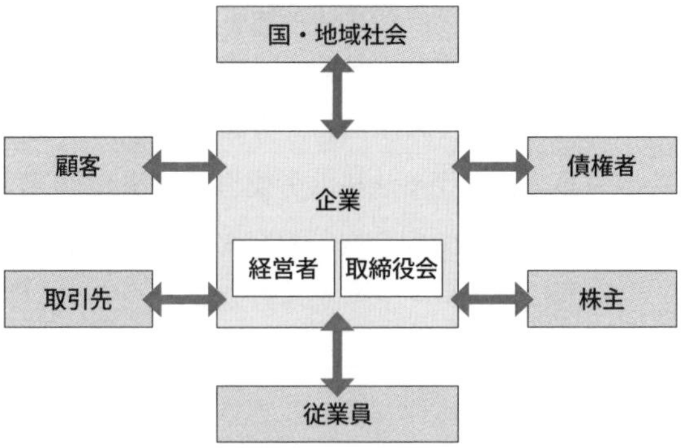

松田千恵子『コーポレートガバナンスの教科書』より一部改変

　コーポレートガバナンス（Corporate Governance）は、日本語では企業統治といいます。コーポレートガバナンスの内容を簡単にまとめると、会社の行動に関して、利害関係者（株主・顧客・従業員・地域社会など）によるガバナンス（統治）を通じて、企業の持続的な発展と中長期的な成長を実現するための取り組みであるといえます。以下では、コーポレートガバナンスの中身について詳しく見ていきましょう。

　コーポレートガバナンスの重要性が指摘されるようになったのは、比較的最近になってからのことです。その背景として、1990年代以降から、銀行制度の変化と資本市場における規制緩和が起こったことがあげられます。その結果「モノ言う株主」といわれるように、企業経営にたいして株主から厳しい目が向けられるようになりました。また、2000年頃からあいついで明るみに出た企業による不祥事も、コーポレートガバナンスに対する社会の意識を高める結果となりました。これまでの企業のあり方に対する疑念から、企業統治の新しい手法としてコーポレートガバナンスへの期待が高まってきたわけです。

　コーポレートガバナンスを考える上で重要なのが「会社は誰のものか」という点です。「会社は誰のものか」という議論は以前からなされてきています。実際の企業活動において、経営つまり企業の舵取りや意思決定を行うのは経営陣（社長や役員）です。しかし経営と所有が一体となっていると、経営陣による不祥事を防ぐことは困難です。そこで経営と所有の分離という発想が生まれてきました。経営と所有を分離することで、経営陣に対する外部からの監督機関を設けることを通じて、企業経営を健全な方向に導くことができるようになります。

　コーポレートガバナンスの目的は、直接的には、経営陣による不正行為や不

祥事を防止することです。間接的には、健全な企業経営を行うことによって、会社の持続的な成長と中長期的な企業価値の向上を図ること、といえます。コーポレートガバナンスに取り組むことは、会社のステークホルダー全員にとってのメリットにつながります。

コーポレートガバナンス・コードとは、コーポレートガバナンスを実現するために必要な原則を取りまとめたものです。企業統治方針と呼ばれる場合もあります。日本では 2015 年 3 月に金融庁と東京証券取引所（東証）によって策定されました。東証に上場する企業は、原則としてこの日本版コーポレートガバナンス・コードを遵守することが求められています。 また、上場企業には、情報開示の一環として、コーポレートガバナンス報告書の提出を求められています。

コーポレートガバナンス・コードの全体構造は、以下の 5 つの基本原則から構成されています（東京証券取引所 2018 年 6 月改訂版より）。

① 株主の権利・平等性の確保：株主の権利が確保されること。権利の行使が出来る環境を整備すること。株主間の平等性の確保。少数 / 外国人株主に対する配慮

② 株主以外のステークホルダーとの適切な協働：従業員、顧客、取引先といったステークホルダーの権利・立場を尊重する企業文化や風土を醸成すること

③ 適切な情報開示と透明性の確保：会社の財務情報（財政状態・経営成績等）や非財務情報（経営戦略・課題、リスク等）について適切な開示を行う。またこれら法令に定められていない情報の開示も積極的に行うこと

④ 取締役会等の責務：会社の持続的な成長と中長期的な企業価値の向上を促し、収益力 / 資本効率等の改善を図るべく努力すること

⑤ 株主との対話：会社の持続的な成長と中長期的な企業価値の向上のため、株主総会以外の場においても株主との間で建設的な対話を行うこと

コラム　コンプライアンス

コンプライアンスという言葉も、よく耳にするようになりました。コンプライアンスは、コーポレートガバナンスの基本的な取り組みの 1 つです。日本語では、法令遵守ともいいます。産地偽装やラベルの虚偽表示、といった不祥事を起こすと、企業イメージの毀損につながります。それは企業経営にとって大きなダメージとなるリスクがあります。その反面、コンプライアンスを実践することは従業員のモチベーションの上昇につながります。これは、従業員満足度（ES）という観点から非常に重要です。その他、内部告発者を守る制度の充実などがあげられています。

よく似たものに、スチュワードシップ・コードというものがあります。日本では、「『責任ある機関投資家』の諸原則」と呼ばれています。コーポレートガバナンス・コードに先だって、2015 年に金融庁が制定しています。その内容は、金融機関などの機関投資家が、投資と対話を通じて企業価値の向上や持続的成長を促すことの責任についての諸原則をまとめたものです。機関投資家が「モノを言う大株主」となって、企業活動をチェックし、適正な経営体制に導くよう期待している内容となっています。

　コーポレートガバナンス・コードが企業の責任をまとめたものであるのに対して、スチュワードシップ・コードは投資家の責任をまとめたものであるといえます。

この章で学んだことは、企業のあり方・運営の仕方についての新しい考え方です。企業の社会に対する説明責任として、非財務情報の開示という視点が加わったことがこれまでにない新しい点です。それぞれの内容は互いに重なり合い密接に関連しています。個々の概念の特徴を理解して、この章全体の内容を総合的にイメージできるようになるといいでしょう。

　今日のゲストスピーカーの話は衝撃的だったな。やっぱ昭和世代は時代が違うな。でも、なんか元気のない印象の平成よりも、バイタリティがあって楽しげな感じもしたな。令和は一体どんな時代になるんだろう？

　これからの時代は企業に就職したから安心というわけにはいかなそうなので、大学卒業後はロースクールに進学するのもいいかもな。難関のロースクールにチャレンジしてみて、ダメだったら就活してみようかな。考え方が甘いかな。

その後のショウくんは p.153

あとがき

　初めて経営学を勉強してみて、どのような印象を持ったでしょうか？

　本章で取り扱った内容は、私が自分の会社勤務時の実体験にもとづいて、経営学の中で大切だと感じたことがらを中心にまとめたものです。勉強のためだけの内容ではなく、あくまでも実践的な内容を中心に構成してみました。

　経営学では実践が大切です。でも、そのためには経営学に関する知識を獲得する必要があります。それが、本シリーズの名称でもあるプレステップです。最低限の知識を身につけて初めて、さらに高度なステップに進むことができます。

　プレステップシリーズ経営学としての性質から、また、経営学そのものの対象としている領域の広さから、本書の解説はあくまでも全体をわかりやすく紹介する程度にとどめました。いってみれば、映画の予告編みたいなものといえるかもしれません。したがって本書を学んだだけでは十分ではありません。経営学のそれぞれの学問領域について、大学での専門科目の講義を履修するなどして、さらに学ぶことをおすすめします。

　経営学はよく変わります。たとえば、グローバル・スタンダードという概念が一世を風靡した時期がありました。今日では、日本的経営に立ち戻ろうという機運が高まっています。昨日まで正しいと考えられていたことが、明日からはがらっと変わってしまうことはよくあります。ただしこれは経営学に限ったことではなく、学問すべてに当てはまります。したがって、一度経営学を学んだからといって、それで終わりではありません。みなさんは、経営学の新しい動向については、できるだけフォローするように努力する必要があります。

　これを聞いて、それでは経営学を勉強しても仕方がないのでは、と感じましたか？　私はそういういうことはないと思っています。本書の中でも経営学の大切な概念であるマネジメントの話をしました。皆さんが本書をきっかけに経営学に興味を持ち、最終的には、皆さん一人ひとりが自分の人生のマネジメントをできるための基本的な考え方を身につけていただければ、著者にとって望外の喜びです。

　最後になりましたが、本書の完成は株式会社弘文堂・編集者の外山千尋さんの絶妙なサポートがなければ実現しませんでした。ここに心より御礼申し上げます。

北 中 英 明

登場人物から最後に一言！

第1章 経営学とは何か

最近、大学の講義に対する考え方が少し変わってきました。以前はラクして単位が取れることが優先だったんだけど、せっかく授業料払ってるんだから、サボるよりはちゃんと勉強した方が得なのかなって。その方が結局は自分のためになるしね。

タクヤくん　3年生
おひつじ座　A型　神奈川県出身

第2章 組織

学園祭が無事終了したのはよかったけど、今度は打ち上げをどの店でやるかでひと悶着。ウチのサークルって、自己主張の強いヤツばっかりだもんな。でもそういったゴタゴタも、人と人の交わりのおもしろさなのかもと最近思えるようになってきた。組織論を勉強したおかげかな？

マコトくん　2年生
おうし座　O型　北海道出身

第3章 人的資源管理

海外旅行の行き先は、やっぱりヨーロッパにあこがれるなぁ。大学生のうちにいろいろと外国に行っておきたいし、せっかくだから大学の留学制度を利用して、海外留学に挑戦してみようかな。あっ、そのためには語学の勉強をはじめなきゃあ。

ヒカルさん　2年生
ふたご座　AB型　東京都出身

第4章 経営戦略

あのときの社長面接がよかったみたいで、無事に内定をもらうことができました。ぼくは就活のスタートが遅かったこともあって、これがダメだったらどうしようかと結構ヒヤヒヤしました。やっぱりゼミの先生に相談しておいてよかったなあ。

ゴロウくん　4年生
かに座　B型　兵庫県出身

第5章 生産管理

女性社長はともかく、男性の同僚に負けないくらいには仕事を頑張ってみたいと思うようになりました。結婚や出産でキャリアをあきらめるのはもったいないですもんね。以前の私は専業主婦にあこがれていたので、この変化に驚いちゃってます。

サナエさん　4年生
しし座　A型　新潟県出身

第6章 マーケティング

第一志望のゼミに入れたのでよかったなあ。それにしても、ぼくとしたことが面接であんなに緊張するとは思わなかったよ。こんなんで就活とか大丈夫なんだろうか。ゼミで発表とかして、人前でしゃべることに慣れていくしかないのかな。

コウタくん　3年生
おとめ座　O型　広島県出身

第7章 営業管理

田中って本当にいいヤツだな。100円貸してくれてノートも貸してくれた。おかげで助かったよ。田中になんかお返ししなきゃな。あいつ、選択科目のレポートが大変だとか言ってた。ぼくは去年同じ科目取ったから、ちょっと助けてやるか。

シンゴくん　4年生
てんびん座　B型　愛媛県出身

第**8**章
意思決定

大学での講義にも慣れてきて、大学生活はますます充実してきました。意思決定の仕方も少しずつ身についてきたような気がします。えっ、例の彼女とはどうなったかって？　最近サークルやバイトとかで忙しくて、結局フラれてしまいました（涙）。

ユタカくん　1年生
さそり座　A型　神奈川県出身

第**9**章
会計

今年は会計関連の講義を多めに履修したんですけど、課題や予習が多くてちょっと大変です。クラスのみんなも資格を取るのを目標にしてて、やる気満々な感じ。ちゃんと勉強しないとついていけなくなりそうで、少し不安な今日この頃です。

エリコさん　3年生
いて座　O型　秋田県出身

第**10**章
財務管理

あのときの質問がきっかけで、ときどきほかの先生の研究室にも質問に行くようになりました。どの先生の研究室にも本がいっぱいあってちょっとびっくり。あれ、本当に全部読んでるんですかね。そんなこと質問したら怒られちゃうのかな。

ツヨシくん　3年生
やぎ座　O型　千葉県出身

第**11**章
SCM

コンビニが深夜営業をやめられない理由に流通の問題があるというのをテレビで知りました。トラックの運転手さんも不足しているらしいし、流通業はこれから大きく変わっていきそうです。来年は流通業界の会社説明会に行ってみるつもりです。

サユリさん　2年生
みずがめ座　A型　茨城県出身

第**12**章
経営情報

今のところインターネットは遊びと趣味にしか使っていないけど、ちょっとプログラミングとか勉強してみようかな。IT企業ってあこがれるもんなあ。自宅でテレワークができたら、毎朝満員電車で通勤しなくてもいいし、ちょっとかっこいいよね。

タカオくん　1年生
うお座　A型　埼玉県出身

第**13**章
個人のあり方

企業で働くにはスキルアップの努力が必要なんだな。ウチの親父なんか週末はビール飲みながらゴルフ番組ばっかり見てるけどな。そう言えば最近、やたらスマホやSNSのこと聞いてきてウザかったけど、親父なりに努力しようとしてたのかも。今度はちゃんと教えてあげよう。

ジュンくん　2年生
牡羊座　AB型　東京都出身

第**14**章
企業のあり方

ぼくらの常識からすると、昔の日本の会社って全部ブラック企業だったってことなのかな。そういえばゼミの先生に聞いた話で、昔は大学の先生が怒って、学生に六法全書を投げつけたりしてたんだって。重い本を投げる腕力の方がヤバ過ぎる…

ショウくん　1年生
牡羊座　B型　福岡県出身

参考文献

第 1 章　　　『やさしい経営学』日本経済新聞社編、日本経済新聞社、2002年
　　　　　　　『テキスト経営学〔第3版〕』井原久光、ミネルヴァ書房、2008年

第 2 章　　　『組織論〔補訂版〕』桑田耕太郎ほか、有斐閣、2010年
　　　　　　　『経営組織』大月博司・高橋正泰、学文社、2003年

第 3 章　　　『人的資源管理〔新版〕』平野文彦・幸田浩文編、学文社、2010年
　　　　　　　『入門 人的資源管理〔第2版〕』奥林康司ほか編、中央経済社、2010年

第 4 章　　　『経営戦略〔第3版〕』大滝精一ほか、有斐閣、2016年
　　　　　　　『経営戦略の論理〔第4版〕』伊丹敬之、日本経済新聞社、2012年

第 5 章　　　『生産マネジメント入門』Ⅰ・Ⅱ、藤本隆宏、日本経済新聞社、2001年
　　　　　　　『ザ・ゴール』エリヤフ・ゴールドラット、ダイヤモンド社、2001年

第 6 章　　　『マーケティング・ベーシックス〔第2版〕』日本マーケティング協会編、同文舘出版、2001年
　　　　　　　『コトラーのマーケティング・コンセプト』フィリップ・コトラー、東洋経済新報社、2003年

第 7 章　　　『営業の本質』石井淳蔵・嶋口充輝、有斐閣、1995年
　　　　　　　『優れた営業リーダーの教科書』北澤孝太郎、東洋経済新報社、2015年

第 8 章　　　『意思決定論〔新版〕』宮川公男、中央経済社、2010年
　　　　　　　『クリティカルシンキング　入門篇』E.B.ゼックミスタほか、北大路書房、1996年

第 9 章・第10章　　　『プレステップ会計学』中村竜哉編、弘文堂、2009年
　　　　　　　『財務会計・入門〔第13版〕』桜井久勝・須田一幸、有斐閣、2020年
　　　　　　　『コーポレート・ファイナンス入門〔第2版〕』砂川伸幸、日本経済新聞社（日経文庫）、2017年

第11章　　　『サプライチェーンマネジメント概論』R.B.ハンドフィールド・A.L.ニコルズ,Jr.、
　　　　　　　　　ピアソン・エデュケーション、1999年
　　　　　　　『ロジスティックス・マネジメント戦略』M.クリストファー、ピアソン・エデュケーション、2000年
　　　　　　　『イノベーション・マネジメント入門〔第2版〕』一橋大学イノベーション研究センター、
　　　　　　　　　日本経済新聞社、2017年

第12章　　　『経営情報システム〔第4版〕』宮川公男編、中央経済社、2014年
　　　　　　　『経営情報論〔新版補訂〕』遠山曉ほか、有斐閣、2015年

第13章　　　　　　『サーバント・リーダーシップ』ロバート・K・グリーンリーフ、英治出版、2008年

『パフォーマンスがわかる12の理論』鹿毛雅治、金剛出版、2017年

『モティベーションをまなぶ12の理論』鹿毛雅治、金剛出版、2012年

『心理学〔新版〕』無藤隆・遠藤由美・玉瀬耕治・森敏昭、有斐閣、2018年

『When 完璧なタイミングを科学する』ダニエル・ピンク、講談社、2018年

『やり抜く力 GRIT』アンジェラ・ダックワース、ダイヤモンド社、2016年

『超一流になるのは才能か努力か？』アンダース・エリクソンルほか、文藝春秋、2016年

『天才！ 成功する人々の法則』マルコム・グラッドウェル、講談社、2009年

『人工知能はいかにして強くなるのか？』小野田博一、講談社、2017年

『統計学が最強の学問である [ビジネス編]』西内 啓、ダイヤモンド社、2016年

『Python で学ぶあたらしい統計学の教科書』馬場真哉、翔泳社、2018年

『フリーソフトではじめる機械学習入門〔第 2 版〕』荒木 雅弘、森北出版、2018年

『ポジティブ心理学の挑戦』マーティン・セリグマン、ディスカヴァー・トゥエンティワン、2014年

『ポジティブ心理学が 1 冊でわかる本』イローナ・ボニウェル、国書刊行会、2015年

『幸福優位 7 つの法則』ショーン・エイカー、徳間書店、2011年

第14章　　　　　　『ビジネスパーソンのための SDGs の教科書』足達英一郎ほか、日経 BP 社、2018年

『SDGs の基礎』事業構想大学院大学出版部編、事業構想大学院大学出版部、2018年

『CSR の基礎』國部克彦、中央経済社、2017年

『倫理・コンプライアンスと CSR〔第三版〕』菱山隆二、経済法令研究会、2015年

『別冊商事法務№431 財務・非財務情報の実効的な開示』井口譲二、商事法務、2018年

『ESG の視点』勝田悟、中央経済社、2018 年

『CSR 企業総覧（ESG 編）2020年版』東洋経済新報社、2019年

『働き方改革のすべて』岡崎淳一、日本経済新聞出版社、2018年

『よくわかる働き方改革』日野勝吾・結城康博、ぎょうせい、2018年

『コーポレートガバナンスの基本と実践がよ〜くわかる本』清水三七雄、秀和システム、2018年

『コーポレートガバナンスの教科書』松田千恵子、日経 BP 社、2015年

プレステップ経営学〔第２版〕索引

著者● 北中英明 きたなか ひであき

拓殖大学商学部教授
1960年生まれ。一橋大学商学部、ノースウェスターン大学ケロッグ・ビジネ
ス・スクール経営大学院卒業（MBA）
サントリー株式会社、日本ゼネラル・エレクトリック（GE）企画開発部長、
日本ディジタルイクイップメント事業開発部長を経て、現在に至る
著書『複雑系マーケティング入門 ―マルチ・エージェント・シミュレーション
　　によるマーケティング』共立出版、2005年

シリーズ監修者● 渡辺利夫 わたなべ としお

1939年生まれ。拓殖大学学事顧問、東京工業大学名誉教授、経済学博士。
『成長のアジア　停滞のアジア』（東洋経済新報社、1985）で吉野作造賞、『開発経済学』
（日本評論社、1986）で大平正芳記念賞、『西太平洋の時代』（文藝春秋、1989）でア
ジア・太平洋賞大賞、『神経症の時代―わが内なる森田正馬』（TBSブリタニカ、
1996）で開高健賞、第27回正論大賞（2011）など、著書・受賞多数。

プレステップ経営学〔第2版〕

2009（平成21）年6月15日　初　版1刷発行
2018（平成30）年9月30日　　同　13刷発行
2020（令和2）年3月30日　第2版1刷発行
2024（令和6）年4月30日　　同　4刷発行

著　者　北中　英明

発行者　鯉渕　友南

発行所　株式会社 弘文堂　　101-0062　東京都千代田区神田駿河台1の7
　　　　　　　　　　　　　　TEL 03（3294）4801　　振替 00120-6-53909
　　　　　　　　　　　　　　https://www.koubundou.co.jp

デザイン・イラスト　高嶋良枝
印　刷　三報社印刷
製　本　三報社印刷

ISBN978-4-335-00150-5